www.ingramcontent.com/pod-product-compliance
Lightning Source LLC
Chambersburg PA
CBHW021155020426
42331CB00003B/67

الشام

وإرهاصات الملحمة الكبرى

تأليف

محمد غياث الصباغ

الطبعة الأولى

1435هـ – 2014م

الأبعاد الرباعية للطباعة والنشر والتوزيع المحدودة
Quad Dimensions Printing & Publishing
المملكة العربية السعودية - جدة
الرقم الموحد: 920004119 966+
info@sibawayhbooks.com

بسم الله الرحمن الرحيم

المقدمة

الحمد لله رب العالمين، والصلاة والسلام على سيدنا محمد وآله وصحبه أجمعين، وبعد:

مع ما تشهده البلاد العربية والإسلامية من أحداث منذ ما يقرب من عقدين، كثر الكلام بين العامة والخاصة في أشراط الساعة وأماراتها، ونظراً لِما لهذا الموضوع من أهمية رأيت أن أكتب مختصراً عن الأحداث التي تمرّ بها الأمة عامة وأرض الشام خاصة، ومدى دلالة هذه الأحداث على قرب ظهور المهدي عليه السلام وحدوث الملحمة الكبرى حسبما يفهم من الأحاديث النبوية الشريفة، راجياً من المولى الفتاح أن أكشف عن كثير من دلالات الأحداث الجارية والمتوقعة في هذا الموضوع.

وقد خرّجت كل حديث استشهدت به عند أول مرة أذكره فيها، مكتفياً بعزوه لمصدر واحد على الأغلب، وقد أعيد التذكير بتخريجه في بعض الأحيان عند الحاجة لذكره مرة أخرى.

أسأل الله تعالى أن يفتح عليّ وعلى قرّاء هذه الرسالة بنور العلم، ويكرمنا بنور الفهم، ويوضح لنا ما أشكل حتى يُفهَم، وأن يعصمنا

من الزلل في القول والعمل، وأن يحفظنا من الفتن عند اشتداد المحن، إنه رحيم ودود، كريم متفضل.

وكتبه أبو البدر

محمد غياث بن حسن الصباغ

شوال 1434هـ – الموافق آب 2013م

الغرض من الكلام في أحداث آخر الزمان

من تمام هذا الدين الخاتم وكماله أنه لم يترك شيئاً من أمر الدنيا والدين إلا وأرشد إليه، ففي الكتاب والسنة كلّ ما يهمّ الناس في أمر دينهم ودنياهم، ففيهما ماضي البشرية وحاضرها ومستقبلها، فكما قصّ القرآن الكريم قصص الأمم السالفة للعبرة والعظة، فإنه أشار أيضاً إلى ما يكون مستقبلاً، وتمّمت السنة المطهرة هذه الإشارات فتحدثت عن المستقبل وحوادث آخر الزمان بكل تفصيل، فلم يترك النبي صلى الله عليه وسلم خيراً إلا دلّنا عليه، ولا شرّاً إلا حذّرنا منه، فعن حذيفة أنه قال: "أخبرني رسول الله صلى الله عليه وسلم بما هو كائن إلى أن تقوم الساعة" فما منه شيء إلا قد سألته، إلا أني لم أسأله: ما يخرج أهل المدينة من المدينة؟[1]. وقد كان الصحابة حريصين على معرفة أمور المستقبل كي يحتاطوا لدينهم، فهذا حذيفة بن اليمان -رضي الله عنه- يقول: كان الناس يسألون رسول الله صلى الله عليه وسلم عن الخير، وكنت أسأله عن الشر مخافة أن يدركني[2].

---

[1] مسلم في الفتن وأشراط الساعة، باب إخبار النبي صلى الله عليه وسلم فيما يكون إلى قيام الساعة.

[2] البخاري في المناقب، باب علامات النبوة في الإسلام. ومسلم في الإمارة، باب وجوب ملازمة جماعة المسلمين عند ظهور الفتن.

وإنّ إخباره عليه الصلاة والسلام لأمّته ببعض المغيّبات ليس المقصود منه مجرّد الإخبار المحض، بل إنّ فيه نوع تعليم وإرشاد لها كي تكون على حذر من الفتن، وعلى استعداد كامل لمواجهة الأحداث العظام والتعامل معها، فكانت وصية النبي صلى الله عليه وسلم لسيدنا عثمان فيما روته عائشة أنّ النبي صلى الله عليه وسلم قال: "يا عثمان إنّه لعلّ الله يقمصك قميصاً، فإن أرادوك على خلعه فلا تخلعه لهم"[3]. وبشارته له بالجنة على بلوى تصيبه، إرشاداً له، فأبى رضي الله عنه – مستنيراً بهذا الإرشاد النبوي وهذه الوصية المحمدية – أن يتنازل عن الخلافة.

وكان قوله صلى الله عليه وسلم لسيدنا عمار بن ياسر، رضي الله عنه: "ويح عمار، تقتله الفئة الباغية"[4] إرشاداً له بأنه على الحق، فكان ذلك سبباً لثباته.

وفي قصة خوارزم شاه أحد ولاة المسلمين في خراسان مع رسل جنكيز خان وقتله لهم، مخالفة لما أخبر به النبي صلى الله عليه وسلم عن التتار بأنهم الترك، ومخالفة لإرشاده لنا بقوله: "اتركوا الترك ما تركوكم"[5]، فكان ترك خوارزم شاه العمل بهذه الوصية

---

[3] سنن الترمذي (3705).

[4] البخاري في الصلاة، باب التعاون في بناء المسجد.

[5] الطبراني في المعجم الكبير، عن معاوية بن أبي سفيان.

6

النبوية وبالاً على المسلمين وإثخاناً فيهم بما لم يعرف له التاريخ مثيلاً، كما ذكر كثير ممن أرّخ للتتار[6].

وما تمرّ به أمتنا اليوم من فتن مظلمة تعصف بها من كل جانب، يحتّم علينا أن نتعامل معها من هذا المنطلق الذي بيّنتُ، نسترشد ونستهدي بما أتانا عن المعصوم في ذلك، وهو كثير، فالمتتبّع للسنة المطهرة يجد فيها أخباراً كثيرة وصلت إلينا – في جزء مهمّ منها– بالتواتر بما يوجب علينا الإيمان بها وعدم التنكر لها، كأحاديث ملاحم الشام، وعودة الخلافة الإسلامية، ونزول سيدنا عيسى المسيح على نبينا وعليه أفضل الصلاة والتسليم، وخروج المسيح الأعور الدجال لعنه الله وأخزاه.

إنّ الأحداث التاريخية يجب أن تنزّل بحسب الواقع حتى يصل الإنسان إلى مراده، وهذا يحتاج إلى علم وإلى يقين، ويحتاج إلى أناة، كلّ ذلك مع الاستظلال بمنهاج النبوة وعدم الخروج عنه.

فالكتاب بمادته جاء من هذا المنطلق، وبقصد لفت نظر القارئ للاستنارة والاسترشاد بهذا الكنز العظيم من وصايا النبي عليه الصلاة والسلام في مثل هذه الأحداث العظام والفتن السوداء التي تدع الحليم حيران.

---

[6] انظر تفصيل ذلك في طبقات الشافعية الكبرى (329/1)، لتاج الدين السبكي.

هل نحن على مقربة من الملاحم الكبرى؟

عندما أقرأ التاريخ أتعجب أشدّ العجب مما قاله بعض السلف منذ أكثر من ألف عام أنهم في آخر الزمان وعلى مشارف الملاحم، وأنّهم يترقبون ظهور المهدي ونزول عيسى عليه الصلاة والسلام! وعجبي هذا ناشئ من جهة عدم تكامل إرهاصات هذه الأحداث في ذلك الوقت، فكيف يترقبون حدثاً لم تكتمل علاماته ولم تظهر مقدماته؟

نعم لقد أخبرنا المعصوم عليه الصلاة والسلام عن كثير من علامات الساعة، كانتشار المفاسد بأنواعها مع الجهر بها، من شرب الخمور، وفشوّ الزنا، ورفع الأمانة، وتسلّط الأشرار، وانتشار الجهل بالدين، وموت العلماء[7]، وعلوّ الفجّار على الأبرار ..الخ. كلّ هذا وغيره

---

[7] أخرج البخاري في الفتن، باب ظهور الفتن، عن شقيق قال: كنت مع عبد الله وأبي موسى فقالا: قال النبي صلى الله عليه وسلم: "إن بين يدي الساعة لأياماً، ينزل فيها الجهل، ويرفع فيها العلم، ويكثر فيها الهرج" والهرج: القتل.
وأخرج في العلم، باب رفع العلم وظهور الجهل، عن أنس بن مالك قال: قال رسول الله صلى الله عليه وسلم: "إن من أشراط الساعة: أن يرفع العلم ويثبت الجهل، ويشرب الخمر، ويظهر الزنا".

سيكون قبل ظهور علامات الساعة الكبرى[8]، ولكن لا يعني أنّ هذه العلامات على الأبواب، فقد كان بين هذه المفاسد وبين العلامات الكبرى أحداث وأمارات لا بدّ من وقوعها، وهي ما أخبر عنه عليه الصلاة والسلام في أحاديث كثيرة وصحيحة، كانتقال الخلافة إلى حكم عضوض ثم إلى حكم جبري، وتجمّع اليهود في فلسطين كما دلّ عليه القرآن الكريم[9].

قال البيهقي -رحمه الله- في شُعب الإيمان: "أما انتهاء الحياة الأولى فإنّ لها مقدّمات تسمى أشراط الساعة، وهي أعلامها، منها خروج الدجال، ونزول عيسى ابن مريم عليه السلام وقتلُه الدجّال، ومنها خروج يأجوج ومأجوج، ومنها خروج دابة الأرض، ومنها طلوع الشمس من مغربها فهذه هي الآيات العظام، وأما ما تقدّم هذه من قبض العلم، وغلبة الجهل واستعلاء أهله، وبيع الحكم، وظهور

---

[8] علامات الساعة الكبرى عشر، فقد جاء في الحديث عن حذيفة بن أسيد الغفاري- رضي الله عنه- قال: اطلع النبي صلى الله عليه وسلم علينا ونحن نتذاكر، فقال: "ما تذاكرون؟" قالوا: نذكر الساعة، قال: "إنها لن تقوم حتى ترون قبلها عشر آيات - فذكر - الدخان، والدجال، والدابة، وطلوع الشمس من مغربها، ونزول عيسى ابن مريم صلى الله عليه وسلم، ويأجوج ومأجوج، وثلاثة خسوف: خسف بالمشرق، وخسف بالمغرب، وخسف بجزيرة العرب، وآخر ذلك نار تخرج من اليمن، تطرد الناس إلى محشرهم". مسلم في الفتن وأشراط الساعة، باب في الآيات التي تكون قبل الساعة.

[9] سيأتي الكلام في ذلك مفصلاً.

المعازف، واستفاضة شرب الخمر، واكتفاء النساء بالنساء والرجال بالرجال، وإطالة البنيان، وإمارة الصبيان، ولعن آخر هذه الأمة أولها، وكثرة الهرج وغير ذلك، فإنها أسباب حادثة، ورواية الأخبار المنذرة بها بعدما صار الخبر عياناً تكلّف".

وكلّما مرّت الأمة في أزمات طاحنة من الحروب والفتن، يصيب البعض شيء من الإحباط واليأس، فيتطلّعون إلى المخلّص والقائد الذي يوحّد الأمة ويهزم الأعداء، فلا يجدون من هو جدير بذلك إلا المهدي الذي وردت به صحاح الأخبار، فيترقّبون ظهوره ويستعجلون حضوره، ليخلّصهم مما نزل بهم من عدوهم، وما حلّ بهم من كربات وظلمات، واليوم والأمة تعصف بها الأهوال تتطلّع أيضاً لهذا المخلّص وذلك القائد المبرّز، فإن كان لا عذر للأوائل بهذا التوجّه لعدم تكامل مبرّرات ظهوره؛ فإنّ هذه المبرّرات اليوم قد انتظم سلكها واكتمل عقدها، ومن حقّنا أن نتوقّع ظهوره ونتمنّى حضوره ليسطع على الأرض نوره، فيملأها قسطاً وعدلاً كما ملئت ظلماً وجوراً.

فمنذ منتصف القرن الرابع عشر الهجري، وبالتحديد منذ إعلان ما يسمّى دولة إسرائيل التي صنعها الغرب ليتخلّص من اليهود ويجعلهم شوكة في حلق المسلمين في قلب العالم العربي والإسلامي، وما تبع ذلك من احتلال القدس، وانتقال الحكم في كثير من بلاد المسلمين إلى

حكم الجبابرة والطواغيت[10]، كما روي عن أنس: "إنّها نبوة ورحمة, ثم خلافة ورحمة, ثم ملك عضوض, ثم جبرية, ثم طواغيت"[11]، لم يعد بيننا وبين علامات الساعة الكبرى إلا ظهور هذا الإمام وما يرافقه من أحداث، وتأكيد ذلك أنّ البلاء النازل اليوم فيه شيء مستجدّ ومستحدَث يلفت النظر، وهو ما فيه من الاستخفاف بالدم وكثرة القتل بيد أبناء الأمة، يقتل بعضهم بعضاً، دون أن يعرف القاتل لمَ قَتل ولا المقتول فيما قُتل! وهذا لم يحصل في تاريخ الأمة سابقاً بهذا الشكل، فأنهار الدماء التي سُفكت في سوريا ومصر واليمن وليبيا وغيرها، ليست بفعل مباشر من اليهود ولا غيرهم من أعداء الأمة المفترضين، بل بيد أبناء الوطن الواحد أنفسهم، وأبناء الإسلام والقبلة الواحدة، وهو ما أخبر عنه النبي صلى الله عليه وسلم بقوله: "ثم تقع فتن كالظلل تعودون فيها أساوِد صُبّا، يضرب بعضكم رقاب بعض، وأفضل الناس يومئذ مؤمن معتزل في شِعْب من الشعاب، يتقي ربه تبارك وتعالى، ويدع الناس من شرّه"[12]. وعن جرير أنّ النبي صلى الله عليه وسلم قال له في حجة

---

[10] عن أنس –رضي الله عنه– قال: "إنها ستكون ملوك ثم الجبابرة ثم الطواغيت". مصنف ابن أبي شيبة.

[11] السنن الواردة في الفتن لأبي عمرو الداني.

[12] حديث صحيح أخرجه الإمام أحمد في مسنده. قال الزهري: أساود صُبّا يعني الحية إذا أراد أن ينهش، ارتفع ثم انصبّ.

الوداع: "استنصت الناس"، فقال: "لا ترجعوا بعدي كفاراً، يضرب بعضكم رقاب بعض"[13].

إنّه لا يصحّ أبداً مع ما نشهده في البلاد الإسلامية من الفتن والحروب، والظلم والجور، وكثرة الهرج والمرج، تجاهل هذه الأحداث العظام أو التقليل من شأنها أو الغفلة عن تأثيراتها، بل يجب على أهل العلم أن يجتهدوا في تحصين الأمة بالعلم وتذكيرهم بما روي عن هذه الأحداث في السنة النبوية وكيفية التصرّف حيالها، بالحضّ على التقلّل من الدنيا وترك التوسّع فيها، وعدم التقاتل عليها وتضييع العمر فيما لا طائل منه، فلم يعد هناك متّسع من الوقت إلا للعمل للآخرة ونصرة الدين وأهله، ولا شكّ أنّ من العمل للآخرة أخذ الأهبة الكاملة والاستعداد التامّ لمجابهة النوازل والأهوال، علماً وعملاً، وتنظيماً وإدارة، والاجتهاد بعدم الانشغال بالترّهات والملهيات، وتضييع الأوقات فيما يضرّ ولا ينفع، ناهيك عن الانغماس في المعاصي والمنكرات التي انتشرت انتشار النار في الهشيم، فلا يعقل هذا ولا التغافل عنه ونحن نرى الموت والدمار يعمّ بعض بلادنا، والحروب والفتن والنزاعات تطلّ برأسها على عموم الأمة العربية والإسلامية.

---

[13] البخاري في العلم، باب الإنصات للعلماء. ومسلم في الإيمان، باب بيان معنى قول النبي صلى الله عليه وسلم لا ترجعوا بعد كفاراً.

لقد أصبح يقيناً عندي وعند كثير من أهل العلم أنّنا على أبواب مرحلة خطيرة من مراحل التاريخ، وأنّنا في الجزء الأخير من عمر الدنيا، وقاب قوسين أو أدنى من نهاية العالم، كما سأستدّل عليه في الصفحات التالية، فإن لم يدرك أولادنا ظهور المهدي عليه السلام، فإنّ غالب ظني ‑والعلم عند الله‑ أنّ أحفادنا سيكونون جنداً من جنده إن شاء الله تعالى.

تصنيف علامات الساعة

إخبار النبي صلى الله عليه وسلم عن علامات الساعة فيه دلالة بيّنة أنّ الساعة لن تقع حتى تظهر هذه العلامات، فكلما ظهرت علامة تذكّر العبد أنّ موعد البشرية مع الساعة يزداد اقتراباً، لا أنّ الساعة ستقع بين عشية أو ضحاها، وبالتالي يكون ظهور هذه العلامة حافزاً للمؤمن على التمسّك بدينه والاعتصام بإيمانه، ومنبّهاً للعاصي كي يتوب ويصلح حاله مع ربه، وللجاحد أن يرجع ويثوب إلى رشده.

وأيضاً في هذا البيان تشريف للنبي صلى الله عليه وسلم، لأنه إخبار عن غيب، فإذا ظهر كان معجزة له يدلّ على صدق نبوته، وأنه نبيّ موحى إليه من ربه عز وجلّ، وكان تثبيتاً لكلّ من آمن به ولم يره عليه الصلاة والسلام، وتحدّياً وتبكيتاً للمنكرين المعاندين.

ونظراً لكثرة علامات الساعة التي وردت بها الأخبار وتداخلها، رأيت قبل أن أخوض في البحث أن أحصر أهمّها وأقسمها إلى أقسام للوقوف على ما ظهر منها وانقضى، وما الذي لم يظهر بعد، وبذلك نتمكّن من معرفة ما الذي ينتظرنا منها، فنعدّ له العدّة مما يُصلِح لنا دنيانا وينفعنا في آخرتنا.

وقد حصرتها في ثلاث مجموعات، حسب توقيت ظهورها، جمعت في كلّ مجموعة أغلب ما ورد به الخبر، ولو بطرق ضعيفة، بشرط أن لا يشتدّ ضعفها، وبذلك أكون قد استقصيت كل ما صحّ به الخبر، فجاءت كما يلي:

المجموعة الأولى: العلامات التي ورد بها الخبر فتحقّقنا وجودها وظهورها.

هذه المجموعة تأخذ الحيّز الأكبر من الفترة الزمنية، حيث تمتدّ من وفاة نبينا عليه الصلاة والسلام إلى يومنا هذا.

المجموعة الثانية: العلامات التي ورد بها الخبر وتكون بين يدي العلامات الكبرى، ولم تظهر بعد.

وهي تأخذ حيّزاً صغيراً من الفترة الزمنية، وتمتدّ من يومنا هذا إلى ظهور المسيح الأعور الدجّال، وهو أول علامة من علامات الساعة الكبرى كما سيأتي بيانه في فصول هذا الكتاب، وستكون هذه المجموعة هي محور هذا الكتاب، والكلام فيها سيأخذ الجزء الأكبر منه.

المجموعة الثالثة: العلامات العشر الكبرى وما يكون من العلامات بعد سيدنا عيسى ابن مريم.

وهي تمتد من ظهور أول علامة منها –وهي ظهور الأعور الدجّال– إلى قيام الساعة، وهي فترة لا تتجاوز المئتي عام، حسب ما دلّت عليه الأخبار، ولن أخوض فيما يكون بعد هلاك الدجال على يد سيدنا عيسى ابن مريم وهلاك يأجوج ومأجوج؛ لأنه ليس من أغراض هذا الكتاب[14].

وليس توقعي الزمني للأحداث الذي ذكرته آنفاً رجماً بالغيب، إذ إنني لا أجزم بل أتوقع وأجتهد، وتوقعّي واجتهادي ليس تشهّياً ولا تمنّياً، ولكنه مبني على دراسة وتأمّل، معتمداً على الخبر الصحيح عن

---

[14] بعد كتابتي لهذا الفصل، اطلعت على مصنف لأحد العلماء منذ قرنين تقريباً ذهب إلى قريب من تقسيمي للمجموعات الذي مشيت عليه، فحمدت الله تعالى أن وافق صنيعي صنيعه دون سابق اطلاع، فسبحان من ألهم وعلّم.

المعصوم عليه الصلاة والسلام، مع تحليل الأحداث منطقياً، وتطبيق سنن الله الكونية عليها، واجتهاد البشر يحتمل الخطأ ويحتمل الصواب.

ولنشرع في استعراض المجموعات الثلاث بشيء من التفصيل.

المجموعة الأولى: العلامات التي ورد بها الخبر فتحقّقنا وجودها وظهورها، وأذكر منها ما كان بعد انتقال النبي عليه الصلاة والسلام للرفيق الأعلى.

منها: انقسام الصحابة -رضي الله عنهم- لفئتين واقتتالهم، وهو ما كان بين علي بن أبي طالب ومعاوية بن أبي سفيان رضي الله عنهم، ثم ظهور جماعة الخوارج. عن أبي هريرة -رضي الله عنه- عن النبي صلى الله عليه وسلم قال: "لا تقوم الساعة حتى يقتتل فئتان فيكون بينهما مقتلة عظيمة، دعواهما واحدة"[15].

وفي رواية عن أبي سعيد الخدري: "فبينما هم كذلك، إذ مرقت منهم مارقة، يمرقون من الدين، كما يمرق السهم من الرميّة"[16]. وهم الذي خرجوا على سيدنا علي بن أبي طالب، رضي الله عنه.

ومنها: فتح بيت المقدس، وظهور مرض الطاعون، فعن معاذ بن جبل قال: قال رسول الله صلى الله عليه وسلم: "ستّ من أشراط

---

[15] البخاري في المناقب، باب علامات النبوة في الإسلام. ومسلم في الفتن وأشراط الساعة، باب إذا تواجه المسلمان بسيفيهما.

[16] مسند الحميدي.

الساعة: موتي، وفتح بيت المقدس، وموت يأخذ في الناس كقعاص الغنم.. الخ"[17].

ومنها: ادعاء ثلاثين دجالاً للنبوة، كمسيلِمة الكّذاب، والعنسي، والمختار، والبهائي، والقادياني، وسيكون آخرهم الأعور الدجّال، وهذا يدّعي الألوهية، وظهوره من علامات الساعة الكبرى، فعن أبي هريرة قال: قال رسول الله صلى الله عليه وسلم: "لا تقوم الساعة حتى يخرج ثلاثون كذاباً دجّالاً كلّهم يكذب على الله ورسوله"[18].

ومنها: قتال المغول والتتار والترك، فعن أبي هريرة –رضي الله عنه– قال: قال رسول الله صلى الله عليه وسلم: "لا تقوم الساعة حتى تقاتلوا الترك، صغار الأعين، حمر الوجوه، ذُلْف الأنوف، كأنّ وجوههم المجانّ المُطْرَقة، ولا تقوم الساعة حتى تقاتلوا قوماً نعالهم الشعر"[19].

---

[17] أحمد في مسنده. "كقعاص الغنم"، القعاص: داء يأخذ الدواب، فيسيل من أنوفها شيء فتموت فجأة. قال الحافظ في (الفتح:278/6): ويقال: إن هذه الآية ظهرت في طاعون عمَواس في خلافة عمر، وكان ذلك بعد فتح بيت المقدس.

[18] حديث صحيح أخرجه الإمام أحمد في مسنده.

[19] البخاري في الجهاد والسير، باب قتال الترك. مسلم في الفتن وأشراط الساعة، باب لا تقوم الساعة حتى يمر الرجل بقبر الرجل. ذلف الأنوف: في أنوفهم فطس وقصر مع استواء الأرنبة وغلظها. المجانّ: جمع مجنّ وهو الترس، ومعناه تشبيه وجوه الترك في عرضها وتلون وجناتها بالترسة المطرقة.

17

ومنها: ما أخبر به أبو هريرة أنّ رسول الله صلى الله عليه وسلم قال: "لا تقوم الساعة حتى تخرج نار من أرض الحجاز تضيء أعناق الإبل ببصرى"[20].

وقد وقع ذلك يوم الجمعة في خامس جمادى الآخرة سنة (654هـ)، واستمرت شهراً وأزيد منه، وقد فصّل القول فيه الشيخ العلامة الحافظ شهاب الدين أبو شامة المقدسي (ت:665هـ) في تاريخه (الذيل على الروضتين:189-193)، وذكر كتباً متواترة من أهل المدينة بصفة أمر هذه النار التي شوهدت معايَنة وكيفية خروجها وأمرها، ذكر فيها أنّ ظهور هذه النار كان في شرق المدينة من ناحية وادي شظا تلقاء أُحُد، وأنها ملأت تلك الأودية، وأنه يخرج منها شرر يأكل الحجارة، وأنّ المدينة زلزلت بسببها، وأنهم سمعوا أصواتاً مزعجة قبل ظهورها بخمسة أيام أول ذلك مستهلّ الشهر يوم الاثنين، فلم تزل ليلاً ونهاراً حتى ظهرت يوم الجمعة فانبجست تلك الأرض عند وادي شظا عن نار عظيمة جداً صارت مثل الوادي طوله أربعة فراسخ في عرض أربعة أميال، وعمقه قامة ونصف يسيل الصخر حتى يبقى مثل الآنك (الرصاص)، ثم يصير كالفحم الأسود.

وقال ابن كثير (ت:774هـ) في "البداية": وأخبرني والدي أنه أخبره غير واحد من الأعراب صبيحة تلك الليلة من كان بحاضرة بلد

---

[20] البخاري في الفتن، باب خروج النار. ومسلم في الفتن وأشراط الساعة، باب لا تقوم الساعة حتى تخرج نار. وفي رواية ضعيفة " من أودية بني سليم بالحجاز". السنن الواردة في الفتن للداني. وفي رواية من "حِبْس سيل" وهو اسم موضع بحرّة بني سليم.

بُصرى أنهم رأوا صفحات أعناق إبلهم في ضوء هذه النار التي ظهرت من أرض الحجاز [21].

ومنها: قبض العلم بقبض العلماء، فإننا نرى عموم الجهل وتناقص العلم يوماً بعد يوم، وسيستمرّ قبضه إلى أن لا يكاد يوجد، كلما مات عالم لم يخلفه مثله، كما هو حاصل منذ عشرات السنين.

ومنها: كثرة الزلازل، وهي من العلامات التي ظهرت وتزداد كثرة وقوة كلما اقترب زمن العلامات الكبرى.

ومنها: تقارب الزمان، فالمسافة التي كان يقطعها الإنسان بأشهر صارت تقطع بساعات، وكثير من الحاجيات كان إنجازها يحتاج إلى أيام أو ساعات صارت تنجز بدقائق أو لحظات. عن أنس بن مالك –رضي الله عنه– عن النبي صلى الله عليه وسلم قال: "لا تقوم الساعة حتى تكون السنة كالشهر، والشهر كالجمعة، والجمعة كاليوم، واليوم كاضطرام النار" [22]. وسيأتي حديث صحيح آخر بعد أسطر عن تقارب الزمان قرب الساعة.

ومنها: ظهور الفتن، وكثرة القتل، وكثرة المال حتى يفيض، وحصل ذلك في زمن الخليفة عمر بن عبد العزيز فلم يوجد من يأخذه، وسيتكرر فيض المال في زمن سيدنا عيسى ابن مريم، كما سيأتي معنا.

------

[21] نقلاً من تعليق الشيخ شعيب أرناؤوط على صحيح ابن حبان. ويؤيده الرواية التي ذكرت اسم المكان في (السنن الواردة في الفتن للداني) وفيها: "من أودية بني سليم بالحجاز". وهو من أودية المدينة المنورة ومنه: حرّة بني سليم.

[22] نعيم بن حماد في الفتن.

ومنها: تطاول الناس بالبنيان، دلّ على هذا وما قبله حديث أبي هريرة أنّ رسول الله صلى الله عليه وسلم، قال: "لا تقوم الساعة حتى تقتتل فئتان عظيمتان، يكون بينهما مقتلة عظيمة، دعوتهما واحدة، وحتى يُبعث دجالون كذابون، قريب من ثلاثين، كلهم يزعم أنه رسول الله، وحتى يُقبض العلم، وتكثر الزلازل، ويتقارب الزمان، وتظهر الفتن، ويكثر الهرج: وهو القتل، وحتى يكثر فيكم المال فيفيض حتى يهِم رب المال من يقبل صدقته، وحتى يعرضه عليه، فيقول الذي يعرضه عليه: لا أرب لي به، وحتى يتطاول الناس في البنيان، وحتى يمرّ الرجل بقبر الرجل فيقول: يا ليتني مكانه"[23].

ومنها: تمنّي الموت، وهذا حاصل في كثير من البلاد التي تتعرّض للبلاء من مجاعات وحروب ونزاعات، وقد مرّ ذكره في الحديث السابق، ويزداد تمنّي الموت كلّما اشتدت الفتن وعمّ البلاء مع اقتراب الساعة، فعن أبي هريرة قال: "لا تقوم الساعة حتى يأتي الرجل القبر فيتمرّغ عليه كما تتمرّغ الدابة، يتمنّى أن يكون مكان صاحبه"[24].

ومنها: شرب الخمور وظهور الزنا، فعن أنس بن مالك قال: قال رسول الله صلى الله عليه وسلم: "إنّ من أشراط الساعة: أن يُرفع العلم ويثبت الجهل، ويُشرب الخمر، ويظهر الزنا"[25].

ومنها: أن يتدافع الناس الإمامة لا يجدون من يصلّي بهم، وهذا حاصل في كثير من بلدان المسلمين. عن سلامة بنت الحرّ قالت:

---

[23] البخاري في الفتن، باب خروج النار. يهم: يحزن. والأرب: الحاجة.

[24] نعيم بن حماد في الفتن.

[25] البخاري في العلم، باب رفع العلم وظهور الجهل. ومسلم في العلم، باب رفع العلم وقبضه.

سمعت رسول الله صلى الله عليه وسلم يقول: "إنّ من أشراط الساعة أن يتدافع أهل المسجد لا يجدون أحداً يصلي لهم"[26].

ومنها: تقليد اليهود والنصارى، فعن أبي هريرة قال: قال رسول الله صلى الله عليه وسلم: "لتتبعنّ سنن من كان قبلكم باعاً بباع، وذراعاً بذراع، وشبراً بشبر، حتى لو دخلوا في جحر ضبّ لدخلتم معهم"، قالوا: يا رسول الله، اليهود والنصارى، قال: "فمن إذاً"[27].

ومنها: ظهور الفحش والبخل، وتخوين الأمين وائتمان الخائن، والاستهانة بالأخيار والأشراف، ورفع الأشرار وتوقيرهم، ويسود كل قبيلة منافقوها، فعن أبي هريرة عن رسول الله صلى الله عليه وسلم أنه قال: "والذي نفس محمد بيده، لا تقوم الساعة حتى يظهر الفحش والبخل، ويخوّن الأمين، ويؤتمن الخائن، ويهلك الوعول، وتظهر التُّحوت" قالوا: يا رسول الله وما الوعول والتحوت؟ قال: "الوعول: وجوه الناس وأشرافهم، والتحوت: الذين كانوا تحت أقدام الناس لا يُعلَم بهم"[28].

ومنها: تباهي الناس في بناء المساجد وزخرفتها، فعن أنس أنّ رسول الله صلى الله عليه وسلم قال: "لا تقوم الساعة حتى يتباهى الناس في المساجد"[29].

ومنها: فشوّ الكذب، وتقارب الأسواق من كثرتها، فعن أبي هريرة أنّ رسول الله صلى الله عليه وسلم قال: "لا تقوم الساعة حتى تظهر

---

[26] الطبراني في المعجم الكبير. وسنن أبي دود (581).

[27] حديث صحيح أخرجه الإمام أحمد في مسنده.

[28] الحاكم في المستدرك.

[29] أخرجه الإمام أحمد في مسنده بإسناده صحيح.

الفتن، ويكثر الكذب، وتتقارب الأسواق، ويتقارب الزمان، ويكثر الهرج "قيل: وما الهرج؟ قال: "القتل"[30].

ومنها: أن يكون شرار الناس وأسافلُهم هم أسعد الناس بالدنيا، فعن حذيفة عن النبي صلى الله عليه وسلم قال: "لا تقوم الساعة حتى يكون أسعد الناس بالدنيا لكع بن لكع"[31].

ومنها: أنّ الرجل يمرّ على الرجل فلا يسلّم عليه إلا إذا كان بينهما معرفة، فعن ابن مسعود قال: قال رسول الله صلى الله عليه وسلم: "إنّ من أشراط الساعة أن يسلّم الرجل على الرجل، لا يسلّم عليه إلا للمعرفة"[32]، والسنّة أن تلقي السلام على من عرفت ومن لم تعرف كما ورد عن عبد الله بن عمرو –رضي الله عنهما– أنّ رجلاً سأل النبي صلى الله عليه وسلم: أيّ الإسلام خير؟ قال: "تُطعم الطعام، وتقرأ السلام على من عرفت ومن لم تعرف"[33].

ومنها: أن تُجعل المساجد كالطرق وتُهجر، وهذا حاصل في كثير من البلاد، ترى الناس يدخلون من باب ويخرجون من الآخر اختصاراً للطريق ولا يركعون ركعتي تحية المسجد، وكثيراً ما تكون الجماعة قائمة فلا يُصلّون مع المصلّين، فعن عبد الله بن مسعود: "لا تقوم الساعة حتى تُتّخذ المساجد طرقاً"[34].

---

30 المصدر السابق بإسناد صحيح.

31 المصدر السابق.

32 حديث حسن أخرجه الإمام أحمد في مسنده.

3333 البخاري في الإيمان، باب: إطعام الطعام من الإسلام. ومسلم في الإيمان، باب بيان تفاضل الإسلام وأي أموره أفضل.

34 الحاكم في المستدرك، وصحح إسناده، وأقره الذهبي.

ومنها: ظهور المزارع وآبار المياه في أراضي الجزيرة العربية التي كانت تشتهر بندرة ذلك فيها، أما اليوم فكثير من الخضروات تزرع فيها واستغنت البلاد عن استيرادها، والماء متوفر في كل بيت ومحلّة بفضل الله.

ومنها: الطمأنينة والأمن في السفر بين البلاد البعيدة، كمكة والعراق وغيرهما، فعن أبي هريرة، قال: قال رسول الله صلى الله عليه وسلم: "لا تقوم الساعة حتى تعود أرض العرب مروجاً وأنهاراً، وحتى يسير الراكب بين العراق ومكة، لا يخاف إلا ضلال الطريق"[35].

ومنها: الدعوة للاحتكام للقرآن الكريم وترك الاحتجاج بالسنّة، وقد وُجد هذا في زماننا وسُمّوا بالقرآنيين، ولو عملوا بالقرآن حقاً لوجدوا فيه: (وَمَا آتَاكُمُ الرَّسُولُ فَخُذُوهُ وَمَا نَهَاكُمْ عَنْهُ فَانْتَهُوا) [الحشر:7].

عن المقدام بن معد يكرب الكندي قال: قال: رسول الله صلى الله عليه وسلم: "يوشك أن يقعد الرجل منكم على أريكته يحدِّث بحديثي فيقول: بيني وبينكم كتاب الله، فما وجدنا فيه حلالاً استحللناه، وما وجدنا فيه حراماً حرّمناه"[36].

ومنها: تكسّب الناس بألسنتهم، كالقُصّاص، ونقلة الأخبار، وبعض الباعة الذين ينادون على البضائع بأوصاف كاذبة ترويجاً لها، فعن سعد بن أبي وقاص قال: قال رسول الله صلى الله عليه وسلم: "لا تقوم الساعة حتى يخرج قوم يأكلون بألسنتهم كما تأكل البقر بألسنتها"[37].

---

[35] أخرجه الإمام أحمد في مسنده بإسناده صحيح.

[36] حديث صحيح أخرجه الإمام أحمد في مسنده.

[37] أحمد في مسنده.

قال المناوي في (فيض القدير:131/4) أي: يتخذون ألسنتهم ذريعة إلى مأكلهم كما تأخذ البقر ألسنتها، ووجه الشبه بينهما، لأنهم لا يهتدون من المأكل كما أنّ البقرة لا تتمكن من الاحتشاش إلا بلسانها، والآخر أنهم لا يميّزون بين الحق والباطل، والحلال والحرام، كما لا تميز البقرة في رعيها بين رطب ويابس، وحلو ومرّ، بل تلفّ الكل.

ومنها: ظهور التلاعن بين الناس، ولبس الحرير للرجال، وكثرة المغنيات، وانتشار اللواط والسحاق، حتى أنّ بعض الدول الأوربية شرّعت الزواج المثلي وأقرّته حتى صار يُعقد في الكنائس، وقلّدهم بعض المسلمين!! عن أنس قال: قال رسول الله صلى الله عليه وسلم: "إذا استعملت أمتي خمساً فعليهم الدمار، إذا ظهر فيهم التلاعن، ولبس الحرير، واتخذوا القينات، وشربوا الخمور، واكتفى الرجال بالرجال، والنساء بالنساء"[38].

ومنها: اجتماع الأمم على معاداة أمة الإسلام لمّا آثرت الدنيا على الدين وهابت الموت، فعن ثوبان قال: قال رسول الله صلى الله عليه وسلم: "يوشك أن تداعى عليكم الأمم من كلّ أفق كما تداعى الأكلة على قصعتها"، قال: قلنا: يا رسول الله أمن قلّة بنا يومئذ؟ قال: "أنتم يومئذ كثير ولكن تكونون غثاء كغثاء السيل، ينتزع المهابة من قلوب عدوّكم، ويجعل في قلوبكم الوهن، قال: قلنا: وما الوهن؟ قال: "حبّ الحياة وكراهية الموت"[39].

---

[38] البيهقي في شعب الإيمان.

[39] سنن أبي داود (4297) بسند حسن.

ومنها: أن يتمنّى المرء التخفّف من الدنيا، ويعتزل المدن والناس هروباً من الفتن، وقد حدث مثل هذا في بعض بلاد الإسلام، وسيزداد مع قرب الساعة. عن أبي سعيد الخدري -رضي الله عنه- قال: قال رسول الله صلى الله عليه وسلم: "يوشك أن يكون خير مال الرجل غنم يتبع بها شعف الجبال ومواقع القطر، يفرّ بدينه من الفتن"[40].

ومنها: وجود الشُّرَط وأعوانِ الظلمة، ووجود النساء المتبرّجات، فعن أبي هريرة قال: قال رسول الله صلى الله عليه وسلم: "يوشك إن طالت بك مدة، أن ترى قوماً في أيديهم مثل أذناب البقر، يغدون في غضب الله، ويروحون في سخط الله"[41]. وعن أبي هريرة قال: قال رسول الله صلى الله عليه وسلم: "صنفان من أهل النار لم أرهما، قوم معهم سياط كأذناب البقر يضربون بها الناس، ونساء كاسيات عاريات مميلات مائلات، رؤوسهنّ كأسنمة البخت المائلة، لا يدخلن الجنة ولا يجدن ريحها، وإنّ ريحها ليوجد من مسيرة كذا وكذا"[42].

المجموعة الثانية: العلامات الي ورد بها الخبر وتكون بين يدي العلامات العشر الكبرى، ولم تظهر بعد.

---

[40] البخاري في بدء الخلق، باب: خير مال المسلم غنم يتبع بها شعف الجبال . وشعف الجبال: رؤوسها.

[41] مسلم في الجنة وصفة نعيمها وأهلها، باب النار يدخلها الجبارون والجنة يدخلها الضعفاء.

[42] مسلم في اللباس والزينة، باب النساء الكاسيات العاريات المائلات المميلات.

منها: ما ورد في الصحيحين عن أبي هريرة أنّ رسول الله صلى الله عليه وسلم قال: "لا تقوم الساعة حتى يحسر الفرات عن جبل من ذهب". وفي رواية لمسلم: "يقتتل الناس عليه، فيقتل من كل مائة تسعة وتسعون، ويقول كل رجل منهم: لعلّي أكون أنا الذي أنجو"[43].

ومنها: ما سيكون من تمايز بين أهل الشر وأهل الخير، وانقسام المسلمين إلى قسمين: مؤمن خالص الإيمان، ومنافق خالص النفاق، فعن أبي أمامة قال: "لا تقوم الساعة حتى يتحوّل خيار أهل العراق إلى الشام، وشرار أهل الشام إلى العراق".[44] وفي الحديث "حتى يصير الناس إلى فسطاطين، فسطاط إيمان لا نفاق فيه، وفسطاط نفاق لا إيمان فيه، فإذا كان ذاكم فانتظروا الدجال، من يومه أو من غده"[45].

ومنها: الزلازل العظيمة التي تبيد مدناً بأكملها وتغير معالم الأرض، فتزيل جبالاً بأكملها، وحدوث بعض الغرائب العجيبة من الأحداث، ولعلّ منها ما ظهر من المخترعات الحديثة التي لم تكن تخطر على بال أحد، وكانت لو تخيّلها المرء مجرّد تخيّل لاعتُبر في عداد المجانين كالإنسان الآلي وغيرها، ولا ندري ما يستجدّ بعد، فعن سمُرة قال: قال رسول الله صلى الله عليه وسلم: "لا تقوم الساعة حتى تزول الجبال عن أماكنها، وترَون الأمور العظام التي لم تكونوا

---

[43] البخاري في الفتن، باب خروج النار. ومسلم في الفتن وأشراط الساعة، باب لا تقوم الساعة حتى يحسر الفرات.

[44] أحمد في مسنده.

[45] سنن أبي داود (4242).

تَرَونها"[46]. وفي رواية نعيم بن حمّاد: " لم تكونوا ترونها تكون، ولا تحدّثون بها أنفسكم".

ومنها: تجنّد المسلمين أجناداً موزّعة بين الشام واليمن والعراق، فعن ابن حوالة قال: قال رسول الله صلى الله عليه وسلم: "سيصير الأمر إلى أن تكونوا جنوداً مجنّدة جند بالشام، وجند باليمن، وجند بالعراق"، قال ابن حوالة: خِرْ لي يا رسول الله إن أدركتُ ذلك، فقال: "عليك بالشام، فإنّها خيرة الله من أرضه يجتبي إليها خيرته من عباده، فأمّا إن أبيتم فعليكم بيمنكم، واسقوا من غُدَرِكم، فإنّ الله توكل لي بالشام وأهله"[47].

ومنها: امتلاء القدس بالمستوطنات اليهودية، وبلوغها ذروتها في العمران، ثم خراب المدينة المنورة على إثر ذلك، وحصول الملحمة الكبرى وفتح القسطنطينية بعدها، روي عن معاذ بن جبل كان يقول: "عمران بيت المقدس خراب يثرب، وخراب يثرب حضور الملحمة، وحضور الملحمة فتح القسطنطينية، وفتح القسطنطينية خروج الدجال" قال: ثم ضرب معاذ على منكب عمر بن الخطاب، فقال: "والله إنّ ذلك لحقّ كما أنك جالس"[48]. وسيأتي بيان ذلك.

ومنها: ظهور المهدي عليه السلام، وسيأتي بيانه في فصل خاص.

ومنها: عودة الخلافة على منهاج النبوة، فعن حذيفة: قال رسول الله صلى الله عليه وسلم: "تكون النبوة فيكم ما شاء الله أن تكون، ثم يرفعها إذا شاء أن يرفعها، ثم تكون خلافة على منهاج النبوة، فتكون

---

[46] الطبراني في المعجم الكبير.

[47] سنن أبي داود(2483). وهو صحيح. غُدَر: كصُرَد.

[48] الحاكم في المستدرك، وصحّحه، وأقرّه الذهبي، وهو موقوف.

ما شاء الله أن تكون، ثم يرفعها إذا شاء الله أن يرفعها، ثم تكون ملكاً عاضّاً، فيكون ما شاء الله أن يكون، ثم يرفعها إذا شاء أن يرفعها، ثم تكون ملكاً جبرية، فتكون ما شاء الله أن تكون، ثم يرفعها إذا شاء أن يرفعها، ثم تكون خلافة على منهاج نبوة"[49].

ومنها: ما روي عن عبد الله بن عمرو قال: "يوشك أن لا يبقى في أرض العجم من العرب إلا قتيل أو أسير يُحكم في دمه"[50]. وقد ظهر أثرٌ من هذا بعد أحداث تفجيرات يوم (11 من أيلول عام 2001م) في الولايات المتحدة الأمريكية، فلا غرابة أن يُتّخذ العرب رهائن أو يُقتّلوا إذا وقعت الحروب والملاحم الكبيرة.

ومنها: هدنة وصلح بعد حروب ونزاعات تكون بين المسلمين والغرب، ثم يغدر الغرب بالمسملين، فتحدث الملحمة الكبرى[51]، ورد ذلك في حديث لعوف بن مالك عن النبي صلى الله عليه وسلم، وفيه: "ثم هدنة تكون بينكم وبين بني الأصفر، فيغدرون، فيأتونكم تحت ثمانين غاية، تحت كل غاية اثنا عشر ألفاً"[52]. وسيأتي الحديث عن الملحمة الكبرى في فصل خاصّ، فعن أبي الدرداء –

---

49 حديث حسن أخرجه الإمام أحمد في مسنده.

50 الحاكم في المستدرك.

51 الملحمة الكبرى هي مجموعة معارك زمن المهدي بين المسلمين والغرب تختم بمعركة كبيرة قبل ظهور الدجال بوقت قصير، تكون الغلبة فيها للمسلمين.

52 البخاري في الجزية، باب ما يحذر من الغدر. "بني الأصفر": هم الروم. "غاية": راية. وسميت بذلك لأنها غاية لمن يتبعها، إذا وقفت وقف، وإذا مشت مشى.

رضي الله عنه– أنه سمع رسول الله صلى الله عليه وسلم يقول: "يوم الملحمة الكبرى فسطاط المسلمين بأرض يقال لها الغوطة، فيها مدينة يقال لها دمشق، خير منازل المسلمين يومئذ"[53].

ومنها: ظهور رجل اسمه "جَهْجاه" من قبيلة قحطان يحكم العرب ويتسلّط عليهم، فعن أبي هريرة عن النبي صلى الله عليه وسلم قال: "لا تقوم الساعة حتى يخرج رجل من قحطان يسوق الناس بعصاه"[54]. وعن أبي هريرة عن النبي صلى الله عليه وسلم قال: "لا تذهب الأيام والليالي، حتى يملك رجل يقال له الجَهْجاه"[55]. وقيل: "الجهجاه" غير "القحطاني"، لرواية أنّ "الجهجاه" من الموالي.

المجموعة الثالثة: العلامات العشر الكبرى وما يكون من العلامات بعد سيدنا عيسى ابن مريم[56].

العلامات العشر الكبرى الأحاديث بها صحيحة وفي بعضها متواترة، منها: عن حذيفة بن أسيد الغفاري قال: اطّلع النبي صلى الله عليه وسلم علينا ونحن نتذاكر، فقال: "ما تذاكرون؟" قالوا: نذكر الساعة، قال: "إنها لن تقوم حتى ترون قبلها عشر آيات، فذكر الدخان،

---

[53] الحاكم في المستدرك وصحح إسناده، وأقرّه الذهبي. فسطاط المسلمين: أي مكان تجمعهم.

[54] البخاري في المناقب، باب ذكر قحطان. ومسلم في الفتن وأشراط الساعة، باب لا تقوم الساعة حتى يمر الرجل.

[55] مسلم في الفتن وأشراط الساعة، باب لا تقوم الساعة حتى يمر الرجل.

[56] معرفتنا أنها بعد سيدنا عيسى ابن مريم مبنية على استقصاء الروايات ودلالتها، وذكرها هنا يطول فآثرت الاكتفاء بما ذكرت.

والدجال، والدابة، وطلوع الشمس من مغربها، ونزول عيسى ابن مريم صلى الله عليه وسلم، ويأجوج ومأجوج، وثلاثة خسوف: خسف بالمشرق، وخسف بالمغرب، وخسف بجزيرة العرب، وآخر ذلك نار تخرج من اليمن، تطرد الناس إلى محشرهم"[57].

بعد نزول سيدنا عيسى يقاتل المسلمون اليهود، فينطق الحجر والشجر، فعن أبي هريرة –رضي الله عنه– عن رسول الله صلى الله عليه وسلم قال: "لا تقوم الساعة حتى تقاتلوا اليهود، حتى يقول الحجر وراءه اليهودي: يا مسلم، هذا يهودي ورائي فاقتله"[58].

في هذه الفترة يقلّ الرجال ويكثر النساء، وذلك من كثرة القتل والحروب، فعن أبي موسى –رضي الله عنه– عن النبي صلى الله عليه وسلم قال: "ليأتينّ على الناس زمان يطوف الرجل فيه بالصدقة من الذهب، ثم لا يجد أحداً يأخذها منه، ويرى الرجل الواحد يتبعه أربعون امرأة يلُذْن به من قلّة الرجال وكثرة النساء"[59].

ومما يكون بعد عيسى ابن مريم ما ورد عن أبي سعيد الخدري عن رسول الله صلى الله عليه وسلم: "لا تقوم الساعة حتى يكلّم السباع الإنس، ويكلّم الرجلَ عذبةُ سوطه وشراكُ نعله، ويخبره فخذُه بما أحدث أهلُه بعده"[60].

---

[57] مسلم في الفتن وأشراط الساعة، باب في الآيات التي تكون قبل الساعة.
[58] البخاري في الجهاد والسير، باب قتل اليهود. ومسلم في الفتن وأشراط الساعة، باب لا تقوم الساعة حتى يمر الرجل بقبر الرجل.
[59] البخاري في الزكاة، باب الصدقة قبل الرد. ومسلم في الزكاة، باب الترغيب في الصدقة قبل أن لا يوجد من يقبلها.
[60] أحمد في مسنده. ورجاله رجال الصحيح.

ومنها: خسف في قبائل العرب، فعن الصحابي صحار العبدي قال: سمعت رسول الله صلى الله عليه وسلم يقول: "لا تقوم الساعة حتى يخسف بقبائل، حتى يقال: من بقي من بني فلان؟"، فعرفت أنه يعني العرب، لأنّ العجم إنما تُنسب إلى قراها"[61].

ومنها: ما رواه أبو هريرة أنّ النبي صلى الله عليه وسلم قال: "لا تقوم الساعة حتى يكون في أمتي خسف ومسخ وقذف"[62].

ومنها: هدم الكعبة وتوقف الحج، وعبادة الأوثان، فعن أبي سعيد الخدري عن النبي صلى الله عليه وسلم قال: "لا تقوم الساعة حتى لا يحج البيت"[63]. وعن أبي هريرة -رضي الله عنه- عن النبي صلى الله عليه وسلم قال: "يُخرّب الكعبة ذو السوَيقَتينِ من الحبشة"[64]. وعنه أيضاً قال: قال رسول الله صلى الله عليه وسلم: "لا تقوم الساعة حتى تضطرب أليات نساء دوس حول ذي الخَلَصَة"[65]، وكانت صنماً تعبدها دوس في الجاهلية.

ومنها: شيوع فعل الفاحشة في الطرقات، فعن عبد الله بن عمرو قال: قال رسول الله صلى الله عليه وسلم: "لا تقوم الساعة حتى

---

[61] أحمد في مسنده.

[62] حديث صحيح أخرجه ابن حبان في صحيحه.

[63] البخاري في الحج، باب قول الله تعالى: (جعل الله الكعبة البيت الحرام قياما للناس) [المائدة:97].

[64] التخريج السابق. ومسلم في الفتن وأشراط الساعة، باب لا تقوم الساعة حتى يمر الرجل بقبر الرجل.

[65] البخاري في الفتن، باب تغيير الزمان حتى تعبد الأوثان. ومسلم في الفتن وأشراط الساعة، باب لا تقوم الساعة حتى تعبد دوس..الخ.

تتسافدوا في الطريق تسافد الحمير" قلت: إنّ ذاك لكائن؟ قال: "نعم ليكوننّ"[66].

ومنها: رفع القرآن الكريم من الصدور والمصاحف، عن عبد الله بن مسعود: "إنّ هذا القرآن الذي بين أظهركم يوشك أن ينزع منكم"، قال: قلت: كيف ينزع منا وقد أثبته الله في قلوبنا وأثبتناه في مصاحفنا؟ قال: "يسرى عليه في ليلة واحدة فينزع ما في القلوب، ويذهب ما في المصاحف، ويصبح الناس منه فقراء"[67]، ثم قرأ {ولئن شئنا لنذهبن بالذي أوحينا إليك} [الإسراء: 86].

ومنها: أنه لا يبقى في الأرض من يقول: الله الله، فعن أنس قال: قال رسول الله صلى الله عليه وسلم: "لا تقوم الساعة على أحد يقول: الله الله"[68].

بقليل من التأمّل في المجموعات الثلاث يتبين أنّنا ودّعنا معظم علامات الساعة التي وردت بها الأخبار، وأننا بانتظار علامات الساعة التي صنّفتها ضمن المجموعة الثانية، والتي لا تتجاوز عدد أصابع اليدين ولكنها تحمل معها بلاء كبيراً، وأهمّ علامة منها هي ظهور المهدي عليه السلام، لأنّ بينه وبين المسيح الدجّال بضع سنين، كما سيأتي.

فهل المهدي هو عيسى ابن مريم نفسه أم غيره؟

وهل نحن حقاً على أعتاب هذا الحدث العظيم؟ ما أدلة ذلك أو مؤشراته؟

---

66 صحيح ابن حبان.

67 مصنف ابن أبي شيبة.

68 مسلم في الإيمان، باب ذهاب الإيمان آخر الزمان.

وماذا يجب علينا تجاه ترقّب هذا الحدث الذي سيقسم العالم إلى قسمين: مؤمن مع المهدي وكافر مع الدجال؟

الجواب في فصول هذا الكتاب إن شاء الله تعالى.

هل المهديّ هو عيسى المسيح؟

تشير كثير من الأحاديث النبوية الصحيحة، إلى أنّ الساعة لا تقوم حتى يظهر رجل من هذه الأمة من سلالة النبي عليه الصلاة والسلام، يجتمع عليه الناس ويبايعونه خليفة، بعد تفرّق واختلافات ونزاعات، وهرج ومرج، وحروب ودماء، فينصر الله به الأمة، ويعيد الخلافة الإسلامية، منها ما جاء عن أبي سعيد الخدري قال: قال رسول الله صلى الله عليه وسلم: "لا تقوم الساعة حتى يملك رجل من أهل بيتي، أجلى أقنى، يملأ الأرض عدلاً، كما مُلئت قبله ظلماً، يكون سبع سنين"[69].

وفي رواية: "لا تقوم الساعة حتى تُملأ الأرض ظلماً وجوراً وعدواناً، ثم يخرج من أهل بيتي من يملؤها قسطاً وعدلاً كما مُلئت ظلماً وعدواناً"[70].

وقد ورد أنّ اسمه محمد بن عبد الله، فعن عبد الله بن مسعود عن النبي صلى الله عليه وسلم أنه قال: "لا تقوم الساعة حتى يملك الناسَ رجل من أهل بيتي، يواطىء اسمه اسمي، واسم أبيه اسم أبي، فيملؤها قسطاً وعدلاً"[71].

---

[69] حديث حسن أخرجه الإمام أحمد في مسنده. الأجلى: الخفيف الشعر ما بين النزعتين من الصدغين، والذي انحسر الشعر عن جبهته. والقنا في الأنف: طوله ودقة أرنبته مع حدب في وسطه.

[70] الحاكم في مستدركه، وصححه، وأقرّه الذهبي.

[71] صحيح ابن حبان بإسناد حسن.

34

ومع هذا يشكّك بعض العلماء المعاصرين تبعاً لما اعتمده ابن خلدون (ت:808هـ) بشخصية المهدي، ويقولون: إنه شخصية اخترعها أهل السنّة محاكاة للشيعة الذين يزعمون أنّ الثّاني عشر من أئمّتهم وهو محمّد بن الحسن العسكريّ (ت:255هـ) ويلقّبونه المهديّ دخل في سرداب، وتغيّب حين اعتُقل مع أمّه وغاب هنالك، وهو يخرج آخر الزّمان فيملأ الأرض عدلاً. ويقول هؤلاء العلماء: إنّ كل الأحاديث التي وردت في المهدي يُقصد بها النبي عيسى ابن مريم، وأنه لا مهدي إلا عيسى ابن مريم، والأحاديث التي تثبت ظهور المهدي هي برأيهم أحاديث غير صحيحة، فلا يصحّ الاستدلال بها على هذا الأمر، فيقولون: هذه الأحاديث التي صرحت باسم المهدي غير صحيحة، والصحيح منها التي أشير فيها للمهدي غير صريحة باسمه، فهي –برأيهم– تشير إلى عيسى ابن مريم بعينه، لا غيره.

ولكنّ كثيراً من علماء السلف وخاصة حفاظ الحديث أكّدوا أنّ المهدي شخصية أخرى غير سيدنا عيسى ابن مريم، لأنّ الأحاديث الواردة –وهي صحيحة– تشير إلى أنّ نسبه ينتهي إلى النبي صلى الله عليه وسلم، ويقول بعضهم: إنّ كثرة الروايات التي تشير إلى المهدي متواترة فلذا يجب الاعتقاد بها، وممن نقل التواتر:

1- العلامة محمد بن علي الشوكاني (ت:1182هـ) في كتابه "التوضيح في تواتر ما جاء في المهدي المنتظر والدجال والمسيح" حيث قال: "الأحاديث الواردة في المهدي متواترة بلا شك ولا شبهة، بل يصدق وصف التواتر على ما هو دونها على جميع الاصطلاحات المحرّرة في الأصول، وأما الآثار عن الصحابة

المصرّحة بالمهدي؛ فهي كثيرة أيضاً، لها حكم الرفع؛ إذ لا مجال للاجتهاد في مثل ذلك".اهـ.

2- الآبرّي أبو الحسين محمد بن الحسين السجستاني (ت:363هـ) في كتابه "مناقب الشافعي" حيث قال: "قد تواترت الأخبار واستفاضت عن رسول الله صلى الله عليه وسلم بذكر المهدي، وأنه من أهل بيته، وأنه يملك سبع سنين، وأنه يملأ الأرض عدلًا، وأن عيسى يخرج فيساعده على قتل الدجال، وأنه يؤمّ هذه الأمة ويصلّي عيسى خلفه".اهـ.

3- ابن القيم (ت:751هـ) في كتابه "المنار المنيف" نقل التواتر عن الآبرّي وأقرّه.

4- وكذلك نقل التواتر: ابن حجر الهيتمي (ت:974هـ).

5- وقال أبو العون محمد بن أحمد السفاريني الحنبلي (ت:1188هـ) في كتابه لوامع الأنوار: "قال بعض حفاظ الأمة وأعيان الأئمة: إنّ كون المهدي من ذرّيته صلى الله عليه وسلم مما تواتر عنه ذلك؛ فلا يسوغ العدول عنه ولا الالتفات إلى غيره".اهـ.

6- وقال محمد البرزنجي في كتابه "الإشاعة": "أحاديث وجود المهدي وخروجه آخر الزمان وأنه من عترة رسول الله صلى الله عليه وسلم من ولد فاطمة -رضي الله عنها- بلغت حدّ التواتر المعنوي؛ فلا معنى لإنكارها".اهـ.

يقول الشيخ صالح المغامسي -حفظه الله- في إحدى محاضراته: "قال بعض السلف قديماً: المهدي لا تبحث عنه؛ لأنّ حضوره ووقوعه حقّ لا يُنكر، فهو إذا وجد سيأتي لا محالة، وسيتمّ أمره حتى لا يبقى أي لبس ولا شبهة في أنه المهدي، فلا يتعجّل الإنسان

ظهوره، فالمهدي شرط من أشراط الساعة، والذي عليه حفّاظ الأثر كالبخاري ومسلم، مع أهل النظر أنّ المهدي حقّ سيقع، وأنه من آل بيت النبي صلى الله عليه وسلم، وأنّ الله جل وعلا سيصلحه في ليلة، وأنّ الربّ تبارك وتعالى سيملأ به الأرض عدلاً كما مُلئت جوراً".اهـ.

ولا شكّ أنه يكون رحمة من الله للأمة، لأنّ الناس لا يستقيم أمرهم إلا بقائد، فمهما صفت الأمة وتربّت لا بدّ لها من قيادة، فيظهر المهدي والأمة أحوج ما تكون إليه، فيملؤها قسطاً وعدلاً سبع سنين.

وقد ورد عن علي قال: قال رسول الله صلى الله عليه وسلم: "المهدي منا أهل البيت، يصلحه الله في ليلة"[72]. أي أنّ الله يصلحه للخلافة؛ بأن يهيّأه لها، وربما يكون متلبّساً ببعض النقائص فيصلحه الله ويتوب عليه.

والذي يغلب على الظن أنه رجل يتمتع بميزات عديدة علماً وأخلاقاً وقيادة، وأنه صاحب تجربة في الحياة، محبوب وموثوق من الناس المحيطين به، وأنّ الله جل وعلا يهيّئ جماعة من الأمة لنصرته قبل ظهوره.

وسواء أقلنا أنّ المهدي هو سيدنا عيسى ابن مريم نفسه أم غيره، فلنتعرف على إرهاصات قرب ظهوره في هذه الصفحات من هذا الكتاب.

---

[72] ضعيف، أخرجه الإمام أحمد في مسنده.

اغتصاب فلسطين وزوال إسرائيل

عملت الصهيونية العالمية منذ ظهورها على هدم جوهر الديانات بأساليب شيطانية مختلفة خبيثة وماكرة، وكان من أهمّ وسائلها لبلوغ أهدافها نشر الرذيلة والإباحية بكل الوسائل وفي كل مجال، وتحقّق لها ذلك – وللأسف– مع الوقت، وخاصة بعد الحرب العالمية الثانية وقيام ما يسمّى دولة إسرائيل، فبعد أن أفرغوا النصرانية واليهودية من مضمونهما وجعلوهما محصورتين في الكنائس والبِيَع، استعصى عليهم –رغم كل جهودهم الجبارة– هدم الإسلام بالكلية، بعد أن تحقّق لهم في القرن الماضي الكثير من أهدافهم وعلى رأسها الإطاحة بالخلافة الإسلامية وتمزيق شمل الأمة إلى دول متناحرة.

بعد الحرب العالمية الثانية اختلفت الأمور كثيراً حول العالم باتجاه الانخلاع عن الدين، والتنكّر للفضائل، وعموم الظلم والعدوان على العالم الإسلامي خاصة، فبدل أن يتّعظ الغرب والشرق على السواء بالويلات التي حلّت بهما من جرّاء تلك الحرب والتي هي نتيجة حتمية للنكوص عن الأوامر الإلهية وشيوع الظلم والفساد، أخذ الأمر يزداد سوءاً سنة بعد سنة، فازداد الفساد بانفتاح أبواب الرذيلة والإباحية على مصراعيها حتى وصلت لدرجة تشريع الزواج المثلي في القوانين بل حتى في الكنيسة، وانتقال عدواه إلى أمة الإسلام،

وهو عين ما جاء به الخبر النبوي عن أنس قال: قال رسول الله صلى الله عليه وسلم: "إذا استحّلت أمتي خمساً فعليهم الدمار، إذا ظهر التلاعن، وشربوا الخمور، ولبسوا الحرير، واتخذوا القيان، واكتفى الرجال بالرجال، والنساء بالنساء"[73]، وأصبح التعامل الربوي هو المسيطر على النظام المالي في العالم بأسره دون استثناء، بما يؤذن بحرب من الله، قال تعالى: (يَا أَيُّهَا الَّذِينَ آمَنُوا اتَّقُوا اللَّهَ وَذَرُوا مَا بَقِيَ مِنَ الرِّبَا إِنْ كُنْتُمْ مُؤْمِنِينَ فَإِنْ لَمْ تَفْعَلُوا فَأْذَنُوا بِحَرْبٍ مِنَ اللَّهِ وَرَسُولِهِ) [البقرة:279]، واتسع نطاق الظلم والاعتداء على حقوق الآخرين بشكل لم يسبق له مثيل، حيث أصبح مشرّعاً بشكل مبطّن، وتجلّى أشدّ ذلك بتأسيس مجلس الأمن مع حقّ النقض (الفيتو) لخمس دول فقط تتحكّم في بقية دول العالم، في أبشع صور تسلّط القوي على الضعيف، بخديعة الحفاظ على أمن العالم وأكذوبة الدفاع عن حقوق الدول، فكان أكبر مكرٍ بعد عصبة الأمم التي تأسس على أنقاضها، وكان قراره (1948م) بتقسيم فلسطين وإعلان قيام دولة لإسرائيل واغتصاب أراضي الفلسطينيين أكبر تجلّ لهذا الظلم والعدوان والتسلّط والقهر من هذا المجلس الجديد، وتوالت فضائح هذه المؤسسة الدولية بعد ذلك واتضحت أهدافها –سنة بعد سنة– في الهيمنة على دول العالم وإخضاع الشعوب الضعيفة، ابتداء من

---

[73] شعب الإيمان للبيهقي. وقال: إسناده وإسناد ما قبله غير قوي، غير أنه إذا ضم بعضه إلى بعض أخذ قوة، والله أعلم.

الحرب الأمريكية على فيتنام وانتهاء بغضّ الطرف على ما يجري من مذابح ومجازر في الشام وغيرها اليوم، وما بين ذلك من الحروب التي شنّتها إسرائيل فابتلعت القدس كاملة مع مدن وأراض تقدّر بخمسة أضعاف ما اغتصبته من فلسطين عند تأسيسها، وأيضاً حرب البلقان (صربيا – البوسنة والهرسك – كرواتيا – كوسوفو)، واحتلال أفغانستان والعراق وسقوط ملايين الضحايا بين قتيل وجريح ومفقود، بذرائع واهية مختلقة ثبت كذبها بلسان مختلقيها أنفسهم!! لقد كان الملاحظ دائماً أنّ الحروب والمجازر لا تشنّ إلا على المسلمين، وفي كل هذه الحروب والنزاعات المختلَقة لضرب الإسلام ومحاصرته كان الصوت المسموع غالباً صوت الدول الأقوى، وذلك على حساب العدالة والقيم وحقوق الإنسان بشكل عام، وعلى حساب الشعوب المسلمة بشكل خاص.

إنّ ظهور دولة إسرائيل يمثّل أخر مرحلة من مراحل التاريخ ونهاية العالم، وقد قدّر الإمام السيوطي (ت:911هـ) –رحمه الله– وغيره أنّ نهاية العالم ستكون في القرن الخامس عشر الهجري أو السادس عشر على أبعد تقدير، ومن خلال بحثي وجدت أنه لم يبعد كثيراً فربما –والله أعلم– يكون ذلك في أواخر القرن الهجري القادم.

إنّ زوال الخلافة الإسلامية (العثمانية)، هي أول إرهاصات اقترابنا من الملحمة الكبرى وظهور الدجال، وقد دلّ القرآن الكريم على ذلك في سورة الإسراء في قوله تعالى: (وَقَضَيْنَا إِلَى بَنِي إِسْرَائِيلَ فِي الْكِتَابِ لَتُفْسِدُنَّ فِي الْأَرْضِ مَرَّتَيْنِ وَلَتَعْلُنَّ عُلُوًّا كَبِيرًا فَإِذَا جَاءَ وَعْدُ

40

أُولَاهُمَا بَعَثْنَا عَلَيْكُمْ عِبَادًا لَنَا أُولِي بَأْسٍ شَدِيدٍ فَجَاسُوا خِلَالَ الدِّيَارِ وَكَانَ وَعْدًا مَفْعُولًا ۝ ثُمَّ رَدَدْنَا لَكُمُ الْكَرَّةَ عَلَيْهِمْ وَأَمْدَدْنَاكُمْ بِأَمْوَالٍ وَبَنِينَ وَجَعَلْنَاكُمْ أَكْثَرَ نَفِيرًا إِنْ أَحْسَنْتُمْ أَحْسَنْتُمْ لِأَنْفُسِكُمْ وَإِنْ أَسَأْتُمْ فَلَهَا فَإِذَا جَاءَ وَعْدُ الْآخِرَةِ لِيَسُوءُوا وُجُوهَكُمْ وَلِيَدْخُلُوا الْمَسْجِدَ كَمَا دَخَلُوهُ أَوَّلَ مَرَّةٍ وَلِيُتَبِّرُوا مَا عَلَوْا تَتْبِيرًا عَسَى رَبُّكُمْ أَنْ يَرْحَمَكُمْ وَإِنْ عُدْتُمْ عُدْنَا وَجَعَلْنَا جَهَنَّمَ لِلْكَافِرِينَ حَصِيرًا) [الإسراء:4-8].

تبيّن هذه الآيات أنّ لبني إسرائيل إفسادين، وقد كانا قبل أمة الإسلام، وهما لا يعنيان هذه الأمة كثيراً ولا يخصّانها، ولكن الذي يعنيها ويهمّها أنه سيكون في هذه الأمة إفسادان من بني إسرائيل، حصل الإفساد الأول على عهد رسول الله صلى الله عليه وسلم، فكان جزاؤهم أن جاس رسول الله صلى الله عليه وسلم خلال ديارهم في المدينة، وفي بني قريظة وبني قينقاع وبني النضير، وأجلاهم إلى أذرُعات بالشام، ثم انقطعت الصلة بين المسلمين واليهود فترة من الزمن.

ولما قرُب وعد الله بالقضاء عليهم بدأ الإفساد الثاني، وظهر واضحاً بعد مؤتمر بال، وهو المؤتمر الصهيوني الأول الذي عقد في سويسرا عام (1897م). فلا يمكن للمسلمين أن يقضوا على اليهود وهم مشتّتون في الأرض، فألقى الحق سبحانه وتعالى في قلوب اليهود بفكرة التجمّع في وطن قومي لهم، فعقدوا هذا المؤتمر ليخططوا لاحتلال فلسطين والتجمّع بها ليكون وطناً قومياً لهم، وهنا بدأ وعد الله يتحقق بنهايتهم، حتى إذا حان وقت أخذهم لم يفلتهم، وهو كما وعد عز وجلّ بقوله في نفس السورة: (وَقُلْنَا مِنْ بَعْدِهِ لِبَنِي

إِسْرَائِيلَ اسْكُنُوا الْأَرْضَ فَإِذَا جَاءَ وَعْدُ الْآخِرَةِ جِئْنَا بِكُمْ لَفِيفًا) [الإسراء:104]. وعد الآخرة، أي: الإفساد الثاني لبني إسرائيل.

ونلاحظ أنّ كلمة "الأرض" هنا جاءت مجرّدة عن الوصف، لم تحدّد أيّ أرض، أرض الحرم، أرض المدينة، أرض الشام، كيف يسكنون الأرض وهم موجودون في الأرض بالفعل، ولم تخصّص الآية مكاناً معيناً لذلك؟!

لقد جاء الأمر الإلهي في الآية الكريمة دون تقييد بمكان معيّن لينسجم مع آيات القرآن التي حكمت على اليهود بالتفرّق في جميع أنحاء الأرض، فلا يكون لهم وطن يتجمّعون فيه، كما قال تعالى: {وقطعناهم في الأرض أمما منهم الصالحون ومنهم دون ذلك} [الأعراف: 168]. والواقع يؤيّد هذا، حيث نراهم متفرّقين في شتّى البلاد، إلا أنهم ينحازون إلى أماكن محدّدة لهم يتجمّعون فيها، ولا يذوبون في الشعوب الأخرى، فتجد كل قطعة منهم كأنها أمة مستقلة بذاتها لا تختلط بغيرها، لكن إذا جاء وعد الآخرة وهو الإفساد الثاني لبني إسرائيل {جئنا بكم لفيفاً} أي: مجتمعين بعضكم إلى بعض من شتّى البلاد، وهو ما يحدث الآن على أرض فلسطين.

ففي الآيات السابقة إشارة لإفساد اليهود في الأرض، ولعودة نفوذهم وتسلّطهم على بيت المقدس، وأنّ ذلك سيستمرّ إلى أن يبعث الله عباداً من أمة محمد صلى الله عليه وسلم أمناء على دين الله ومنهجه ليقيموا صرح الإسلام من جديد، ويطهّروا بيت المقدس والمسجد الأقصى من رجس اليهود الغاصبين[74].

---

[74] لمعرفة تفصيل ذلك انظر الكلام النفيس للشيخ محمد متولي شعراوي – رحمه الله– على هذه الآيات في تفسيره المطبوع.

وقد دلّت السنة الشريفة أنّ الدنيا لا تنتهي حتى يقتل المسلمون اليهود، وحتى يتمّ ذلك لا بدّ من اجتماع اليهود في بلد واحد، وقد شهدنا ذلك باحتلالهم فلسطين وتأسيس دولة لهم، وهذا من معجزات النبوة، فعن أبي هريرة -رضي الله عنه- عن رسول الله صلى الله عليه وسلم قال: "لا تقوم الساعة حتى تقاتلوا اليهود، حتى يقول الحجر وراءه اليهودي: يا مسلم، هذا يهودي ورائي فاقتله"، وفي رواية أخرى "لا تقوم الساعة حتى يقاتل المسلمون اليهود، فيقتلهم المسلمون حتى يختبئ اليهودي من وراء الحجر والشجر، فيقول الحجر أو الشجر: يا مسلم يا عبد الله هذا يهودي خلفي، فتعال فاقتله، إلا الغرقد فإنه من شجر اليهود". فهاتان الروايتان مع أحاديث أخرى تدل على اجتماع اليهود في جزء من الشام، وتمكّنهم منها لقرب الساعة إلى أن يضجّ ويشتكي منهم كل شيء حتى الحجر والشجر فيقاتلهم المسلمون ويقتلعوهم، كما تدلّ هذه الأحاديث على أنّه لا يوجد أي وسيلة لاقتلاع إسرائيل والتخلّص من اليهود إلا السلاح والقتال، فلا يجدي معهم أي حلّ سلمي.

وهكذا ظهرت عدة أمور تؤذن بزوال إسرائيل -إن شاء الله- كان أولها: تجمّع اليهود في فلسطين ابتداء من احتلالها.

الثاني: احتلالهم لكامل التراب الفلسطيني مع الجولان عام (1967م).

الثالث: سعيهم الحثيث في بناء المستوطنات بشكل كبير، ليكتمل تجمّع أكبر عدد منهم في فلسطين.

الرابع: يبلغ تعداد المسلمين في أوربا اليوم خمسة وخمسين مليوناً، ويُتوقع حسب إحصاءات الغرب أن يصل خلال عشر سنوات إلى ما

يزيد عن مئة مليون مسلم، وخلال سبع سنوات على أكثر تقدير سيكون المسلمون هم الأكثر في العالم لأول مرة، هؤلاء سيكون لهم دور كبير في نصرة الإسلام إذا جاءت ساعة الحقيقة.

الخامس: صدور دراسات حديثة تبشر بزوال إسرائيل سنة (2022م) قام بها عدد من الباحثين، وقالوا إنهم قاموا بهذه الدراسات للتحقق من نبوءة يهودية قديمة تقول إنّ عمر إسرائيل منذ قيامها عام (1948م) هو ستة وسبعون سنة، وبالتالي فإنّ نهاية إسرائيل ستكون في عام (2022م)، وهي دراسات متعددة ومطوّلة.

السادس: تسريب تقارير صدرت منذ سنوات قليلة عن المخابرات الأمريكية وعن بعض مسؤولي الأمن القومي الأمريكي تقول إنّ إسرائيل ستنتهي خلال خمسة وعشرين سنة.

كل هذه الأمور تبعث الأمل بأنّ المسلمين في طريقهم -بعد سنوات شديدة عجاف- إلى العزّ والتمكين بحول الله.

ظهور الحركات الإسلامية الجهادية[75]

بعد احتلال اليهود لكامل التراب الفلسطيني بما فيها القدس، بالإضافة إلى الجولان السوري وسيناء مصر عام (1967م) وكلّها جزء من الشام التاريخية، أصاب الإحباط معظم الشعوب العربية والإسلامية، وسادت حالة شاملة من الصدمة والذهول من جرّاء فشل دول جوار إسرائيل خاصة وباقي الدول العربية عامة في الدفاع عن أراضيها فضلاً عن تحرير فلسطين، وهي التي رفعت شعار التحرير وتاجرت بالقضية الفلسطينية طيلة فترة حكمها، فأذاق بعض الحكام شعوبهم الويلات بحجة أنّهم في حالة حرب مع اليهود، ورفعت شعارات برّاقة كشعار لا صوت يعلو فوق صوت المعركة، وشعار تحرير فلسطين من النهر إلى البحر، وفجأة سقطت كل تلك الشعارات الخدّاعة وبان كذبها وافتضح أمر أصحابها، فكان من

---

[75] تؤكّد كثير من الدراسات والأبحاث الموثوقة إلى أنّ بعض التنظيمات الإسلامية التي رفعت شعار الجهاد المسلّح هي من صنع المخابرات الغربية، وذلك بغرض تشويه صورة المسلمين ولصق تهمة الإرهاب بالإسلام عموماً وبالحركات الإسلامية الموثوقة خصوصاً، لضربها والتخلّص منها إذا شكّلت خطراً على مصالح الغرب والصهيونية العالمية.
من أراد التوسع فلينظر مقال للدكتور بشير زين عابدين في مجلة البيان (العدد 317 محرم 1435هـ، نوفمبر 2013م).
وبرأيي أنّ الشعوب بدأت تعي هذه الألاعيب من أعدائها، وفي النهاية سيتميّز الخبيث من الطيب، وسينقلب السحر على الساحر.

نتائج هذه الصدمة بداية ظهور مجموعات ومنظّمات رفعت شعارات التحرير وأخذت على عاتقها مقارعة إسرائيل، وسرعان ما نفذّت عمليات فدائية ضدّ الكيان الغاصب، فلقت هذه المنظمات إقبالاً كبيراً من الشباب فتوسّعت وتعدّدت، وقد أبلت بلاء حسناً في كثير من العمليات الفدائية التي قامت بها، مما دفع بإسرائيل فيما بعد لاحتلال لبنان والوصول إلى بيروت عام (1982م) في سابقة خطيرة جداً باحتلال عاصمة عربية مسالمة، بحجّة القضاء على هذه المنظمات.

كانت غالبية هذه المنظمات التي رفعت شعار الكفاح المسلّح تتبنى أفكاراً وإديولوجيات غير إسلامية، فأغلبها شيوعي أو قومي، ولم يكن لها في أغلبها من روح الإسلام أيّ حظّ إلا ما ندر، وكان قرارها غالباً مصادراً لصالح الحكومات التي لها حساباتها الخاصة، وليست جادّة في تحرير فلسطين ولا يهمّها ذلك في حقيقة الأمر، ولم يكن خروج هذه المنظّمات إلا رغماً عن إرادتها مع أنها خرجت من رحمها ومباركتها لتغطية فشلها الذريع وهزيمتها المريعة في المواجهة مع إسرائيل وخاصة حرب (1967م)، واستمرّ هذا الحال إلى أوائل الثمانينات من القرن الماضي، وبالتحديد بعد احتلال الاتحاد السوفيتي البائد لدولة أفغانستان وما رافقه من قيام ما سمي الثورة الإسلامية الإيرانية عام (1979م).

لقد كان لهذين الحدثين أقصد احتلال أفغانستان والثورة الإيرانية، بالإضافة لغزو إسرائيل للبنان وارتكابها مجازر صبرا وشاتيلا، نتائج هامّة وتداعيات خطيرة على العالم العربي خاصة وعلى العالم الإسلامي عامة، بل على معظم دول العالم من شرقه إلى غربه، وتتابعت ارتدادات هذه الأحداث بشكل كبير وسريع، كان من نتائجها أمور عديدة يطول تفصيلها وشرحها ولكني ألخّصها بالأمور التالية:

1- رفع راية الجهاد الإسلامي في أفغانستان ضدّ الاحتلال السوفيتي الشيوعي الملحد.

2- سقوط الاتحاد السوفيتي وانهياره نتيجة لهذا الجهاد المبارك، وما نتج عنه من قيام جمهوريات متعددة وحركات جهادية في الشيشان وعموم بلاد القوقاز.

3- ظهور الجهاديين العرب والجماعات الجهادية في البلاد العربية والإسلامية، وتأسيس تنظيم القاعدة العالمي الذي ولد من رحم الجهاد الأفغاني ضدّ السوفيت وخاض غماره سنين عديدة.

4- صحوة إسلامية عمّت ربوع العالم العربي والإسلامي، نتيجة فشل كل الاديولوجيات والمشاريع غير الإسلامية في استعادة الحقوق المغتصبة وتحقيق النهضة التي تتطلع إليها الشعوب.

5- بداية التوتر الطائفي بين السنة والشيعة نتيجة لمحاولات إيران المتكررة تطبيق شعار تصدير الثورة الذي رفعته، ومحاولاتها المتكرّرة في تعكير جو مشاعر الحج في المشاعر المقدسة، وكذا احتلالها للجزر الأماراتية الثلاث.

6- اندلاع الحرب العراقية الإيرانية، وتزايد التوتر السني الشيعي، وبروز النزعة الفارسية.

7- تأسيس حزب الله الشيعي بمنطلقات طائفية بحتة لم تكن معلنة وقتها، تحت شعار المقاومة وتحرير الجنوب اللبناني من قبضة اليهود.

8- تأسيس حركة حماس وحركة الجهاد الإسلاميتين كحركات سياسية بأذرع عسكرية مسلّحة، بالإضافة إلى غيرهما من الفصائل الفلسطينية المسلّحة.

9- اندلاع الانتفاضة الفلسطينية الأولى والثانية.

10- تأسيس جبهة الإنقاذ الإسلامية في الجزائر وفوزها بانتخابات حرّة ونزيهة، فقام العسكر بإقصائها عن الحكم بالقوة وزجّوا بقادتها في السجون، مما نتج عنه ثورة عارمة تحوّلت نتيجة حكم العسكر وبطشهم مع مكر وخبث أجهزة المخابرات إلى حرب عصابات راح ضحيتها مئات الآلاف، مما ولّد خيبة أمل كبيرة -عند معظم شباب العالم العربي- وفاقم اليأسَ في نفوسهم شعورُهم نتيجة ذلك أنه لا

مطمع لوصول الإسلاميين إلى الحكم عبر صناديق الاقتراع والانتخابات الحرة النزيهة، مما شجّع على تبنّي العنف وانتهاج سبيل القوة المسلّحة كأداة للوصول للحكم.

كل نتيجة من النتائج السابقة أفرزت حوادث جزئية عديدة، وكان لها ارتدادات هامة، عربية وإسلامية ودولية، كإقامة السلطة الفلسطينية في جزء من الضفة الفلسطينية، مع تخلّي المنظمة عن الكفاح المسلّح بعد مفاوضات أوسلو، وكاحتلال العراق للكويت وما نتج عنه من انقسام عربي على مستوى الحكومات والشعوب، وما أعقبه من الغزو الأمريكي للعراق، وكأحداث الحادي عشر من سبتمبر وما تبعها من الغزو الأمريكي لأفغانستان بحجّة محاربة الإرهاب والقضاء على تنظيم القاعدة بزعامة أسامة بن لادن.

كل هذا كان له أكبر الأثر على جوهر المجتمع العربي والإسلامي وخاصة جيل الشباب، وأدّى في الحقيقة إلى توجّه كثير من الشباب المسلم للالتحاق بالجماعات الجهادية بعد أن تبيّن بما لايدع مجالاً للشك عجز الحكومات عن الدفاع عن شرف الأمة ومقدّساتها، وبروز التحالف الصهيوني المسيحي (الصهاينة الجدد) ضد العالم الإسلامي واتخاذهم قرارات سرية وعلنية لاعتباره العدوّ الأول بعد انهيار الاتحاد السوفيتي وانتهاء الحرب الباردة.

وازداد الاحتقان كثيراً عند الشعوب العربية والإسلامية وتعاظم شوقها للجهاد في سبيل الله بعد حرب إسرائيل على غزة وصمود حركة حماس أمام الآلة العسكرية الضخمة، وأيضاً حربها على لبنان وصمود حزب الله، حيث فرضت هذه المعارك عند الشعوب نوعاً من المقارنة بين أداء الجيوش العربية النظامية وبين أداء التنظيمات المسلّحة، حيث أثبتت التنظيمات قدرتها على المقاومة والصمود بل وانتزاع التنازلات من العدوّ، بينما أثبتت الجيوش فشلها الذريع على مدى أكثر من خمسين عاماً، ممّا يعني كذب الحكومات الرسمية في شعارات تحرير فلسطين.

وهكذا تمّ نتيجة هذه السياسات الغربية الصهونية المعادية للعالم العربي والإسلامي تقوية الجماعات الجهادية وترسيخ وجودها، وتغذية الفكر الجهادي وتنميته بشكل متسارع، بحيث أصبحت هذه الجماعات والحركات الجهادية -رغم محاصرتها وملاحقة أعضائها بتهم الإرهاب- رقماً صعباً على أرض الواقع يصعب تجاهله، وقوة حقيقية لا يستهان بها، ذات منطلقات تحرّرية ومبادئ عقائدية بحتة.

وهكذا بدأنا نعيش واقعاً مصداق حديث رسول الله صلى الله عليه وسلم في قوله: "لا تزال طائفة من أمتي يقاتلون على الحق ظاهرين

إلى يوم القيامة"[76]. ومصداق بشارته ببقاء راية الجهاد مرفوعة إلى يوم القيامة، في حديث أنس بن مالك -رضي الله عنه-: "والجهاد ماض منذ بعثني الله إلى أن يقاتل آخر أمتي الدجال، لا يبطله جور جائر، ولا عدل عادل"[77].

إنّ استفاقة روح الجهاد من جديد في أمة الإسلام، وبروز حركات جهادية منظمة ومتدربة ومتمرّسة، هو مؤشّر على أنّ الأمة على موعد قريب مع ظهور قائد يجمع شتاتها ويوحّد كلمتها لتحرير القدس من رجس الصهاينة، وإقامة شرع الله في الأرض، وسيكونون جنوده الذين يمكّنون له وينصرونه.

---

[76] مسلم في الإيمان، باب نزول عيسى ابن مريم حاكماً بشريعة نبينا محمد صلى الله عليه وسلم.

[77] سنن سعيد بن منصور.

الحروب الاستباقية والفوضى الخلاقة

بعد هذا التنامي الكبير لحركات الجهاد الإسلامي في العالم، وتحقيق هذه الحركات لكثير من المكاسب، وخاصة في طرد السوفيت من أفغانستان، والإثخان في اليهود في فلسطين، وصمود غزة، وتحرير الجنوب اللبناني، أدى كلّ ذلك إلى زيادة الاستقطاب لصالح شعار الجهاد والمقاومة، مما أدّى إلى مضاعفة تركيز أنظار الغرب واهتمامه على المنطقة العربية وبخاصة بلاد الشام، مسرح الصراع العربي الإسرائيلي الذي بدأ يأخذ طابعاً إسلامياً بعد بزوغ نجم الحركات الإسلامية كحماس والجهاد الإسلامي، وتوجّس اليهود خيفة من نجاح هذه الحركات الجهادية في حصد المزيد من المكاسب، فسارعوا إلى خوض الحروب الاستباقية لإجهاضها وإضعافها تحت شعار محاربة الإرهاب ومشروع الشرق الأوسط الكبير، فشُنّت الحرب على العراق وتمّ احتلالها وتدمير بنيتها العسكرية تدميراً شاملاً، ثم شنّت إسرائيل الحروب على غزة ولبنان للقضاء على الحركات الجهادية، فكانت نتائج هذه الحروب مفاجئة لكل التوقعات، ولم تستطع ماكينة الحرب الإسرائيلية بكل قوّتها أن تحقّق أهدافها، بل كان العكس هو الصحيح.

أما في العراق فقد حوّل الاحتلال الأمريكي العراق إلى بلد محطّم تعمّه الفوضى والطائفية ونجح المحتلّ في تحقيق ما يصبو إليه ونشر ما سمّاه (الفوضى الخلاقة)، وخرج مطمئنّاً أنّ هذا البلد قد صار تابعاً للمشروع الإيراني الطائفي بعد أن مكّن لإيران فيه،

نتيجة تخاذل الحكومات العربية في الذود عن الجناح الشرقي للوطن العربي.

بدأت مخططات إسرائيل والغرب في إشعال النزاعات الطائفية والعرقية للسيطرة على العالم العربي منذ أول يوم من تولي الملالي في إيران مقاليد الحكم وإعلانهم دولة إسلامية، وتبنّيهم تصدير الثورة، إذ استثمر الغرب والصهاينة الثورة الإيرانية أعظم استثمار على مدى ثلاثين عاماً لتعميق النزعة الطائفية، -وبرأيي أنّ هذه الثورة نجحت بتأييد خفيّ من الغرب- وكان أول نجاح حقيقي لهذا الاستثمار ما حققوه في العراق من فوضى شاملة وميليشيات طائفية على حساب أهل السنة، تلاحقهم وتغتال رموزهم وشبابهم وتزجّ بهم في السجون، وكان النجاح الثاني في لبنان حيث نجح رئيس سوريا الأسبق حافظ الأسد -بسكوت مريب من الغرب- في اللعب على هذا الوتر لإحكام سيطرته على هذا البلد، ولما اطمأنّ الغرب إلى تجّذر المشكلة السنية الشيعية باغتيال رئيس الوزراء اللبناني رفيق الحريري، وتمكّن حزب الله من بناء ميليشيا مسلّحة ومدربة تدريباً عالياً، بدأ الغرب بالإعداد للمرحلة الثانية مع ربيبته إسرائيل لتعميم الفوضى الخلاقة وخلق نزاع طائفي مسلّح في سوريا ولبنان، إضافة للعراق واليمن (الحوثيون)، وسعى لإثارة البحرين وشرقي السعودية وسيسعى لذلك فيما بعد.

فقد نشرت مجلة البيان (العدد 317 محرم 1435هـ، نوفمبر 2013م) ما يؤيد ذلك مدعّماً بذكر المصادر، أقتبس منه -دون ذكر المصادر التي نقلت منها المجلة- ما يلي:

-بدأت الصحافة الغربية ومراكز البحث المقربة منها تتقدم بأطروحات لإعادة رسم خريطة المنطقة العربية كحلّ لمواجهة التشدّد الديني وإمكانية استخدام القوة العسكرية لتحقيق ذلك؛ ففي ورقة مقدمة إلى وزارة الدفاع الأمريكية في (شهر يونيو 2002م)، دعا الخبير الاستراتيجي بمؤسسة "راند"، لوران موريس، الإدارة الأمريكية إلى تبني حلول عسكرية متشددة إذا فشلت جهود الإصلاح في المنطقة العربية.

-شارك القيادي في أوساط المحافظين الجدد، وليام كريستول، في مؤتمر بإيطاليا (يونيو 2002م)، وتحدث في مداخلته عن وجود أجندة أمريكية ستبدأ بالحرب على العراق وتنتهي "بإسقاط الأنظمة الملكية في الخليج العربي"، وذكرت صحيفة "واشنطن بوست" الأمريكية أنّ المستمعين من النخبة الأوروبية قد صعقوا من صراحة كريستول وأسلوبه المباشر في الطرح.

-نشر تقرير تقدم به مؤسّس معهد "هدسون" للدراسات الاستراتيجية، ماكس سنجر، لوزارة الدفاع الأمريكية (أغسطس 2002م)، يتلخّص في الدعوة إلى إسقاط الأنظمة الملكية ودعم المعارضة في الخارج لإنشاء جمهورية مستقلة في شرقي شبه الجزيرة العربية، وذكر المتحدث باسم البنتاغون اللفتنانت مايكل هوم أن سنجر قد اجتمع بأندرو مارشال، وهو أحد المقربين من وزير الدفاع الأمريكي الأسبق، ودار الحديث بينهما حول إمكانية إنشاء كيان جديد على أسس طائفية في الخليج العربي.

-بدأت تتضح ملامح الاستراتيجية الأمريكية الجديدة للشرق الأوسط، والتي ارتكزت على دعامتي "دعم الديمقراطية" و"تمكين الأقليات"،

ابتداء من العراق وانتهاء بدول الخليج العربية؛ ففي شهر (مارس 2003م) نشر الرئيس الفخري لمجلس العلاقات الخارجية الأمريكي، ليسلي غليب، مقالاً بعنوان: "العراق.. حل الدول الثلاث"، دعا فيه إلى تقسيم العراق إلى ثلاث دول على أساس عرقي وطائفي، وقد تبنّت لجنة بيكر هذا المقترح الذي أيده أبرز أعضاء المجلس، ودعا غليب في مقاله إلى إنشاء دولة جديدة على أسس مذهبية في الخليج العربي بعد إنجاز مشروع تقسيم العراق.

-وفي شهر (أبريل 2006م)، نشر معهد "غلوبال ريسيرتش" الكندي مقالاً لغاري هلبرت تحدّث فيه عن وجود مخططات أمريكية لتقسيم منطقة الشرق الأوسط على أسس إثنية وطائفية. وأكدّت الدراسة أنّ نائب الرئيس الأسبق ديك تشيني ونائب وزير الدفاع الأسبق بول ولفويتز، كانا من أبرز المؤيدين لفكرة التقسيم. كما نشر المعهد تقريراً آخر في شهر نوفمبر من العام نفسه تحدّث الكاتب فيه عن إمكانية أن تشهد المرحلة المقبلة بذل جهود استخباراتية لتشجيع الأقليات في المنطقة للمطالبة بكيانات سياسية مستقلة.

وتزامن صدور هذا المقال المثير للجدل مع قيام مركز "ستراتفور" للدراسات الجيوسياسية بنشر تقرير يشير إلى اعتزام الإدارة الأمريكية تقسيم العراق إلى ثلاث دول؛ بحيث يكون القسم الأول وسط العراق وعاصمته بغداد، والقسم الثاني في إقليم "كردستان العراق" الذي يمكن أن يتحوّل إلى دولة تتمتع بحكم ذاتي، أما القسم الثالث فيقع جنوب العراق وعاصمته البصرة ويقوم على أسس مذهبية بحتة، وورد الحديث عن إمكانية أن يضمّ القسم الثالث أجزاء من الخليج العربي، وأكد التقرير أنّ هذه المقترحات قد طرحت للنقاش في لندن

مع بعض الساسة العراقيين في شهر (يوليو 2005م). انتهى الاقتباس من مجلة البيان.

لم تكن أحلام الصهيونية العالمية مدعومة من الغرب قادرة على تحقيق أحلامها ومخططاتها، وإنزال هذه الضربات القاصمة في جسد الأمة بهذه السهولة، مع الاستهانة غير المسبوقة بالقرارات الدولية وبحقوق الإنسان، والإيغال في التعدّي على الإنسانية بكل أشكالها إلا لثلاثة أسباب أساسية:

السبب الأول: أنّ الضحيّة هي الشعوب المسلمة لا غير! فلم تكن لتفعل ذلك لو كانت الضحية تدين بغير الإسلام، وقد رأينا كرّات ومرّات كيف تستنفر كل وسائل الإعلام في العالم إذا اعتدي على يهودي واحد في أي مكان من الأرض، أو على أي أقلية غير إسلامية أينما وجدت على خارطة العالم.

السبب الثاني: هو ابتعاد المسلمين عن المنهج الإسلامي الصحيح، وانجرارهم إلى الحفر والشباك التي نصبها لهم أعداؤهم فوقعوا في الجهل والتنازع، وتمادوا بانغماسهم في الفسوق والكبائر بشكل لم يسبق له مثيل في تاريخهم، وهو السبب الأهمّ والرئيس الذي جرّ الأمة إلى ويلات وكوارث لم تشهدها منذ حروب التتار والمغول، مع غفلة عامة ضربت قلوب المسلمين وأعشت أبصارهم، وعمّت بلادهم من أقصاها إلى أقصاها.

السبب الثالث: اهتمام معظم حكام العرب للتمكين لأنفسهم على حساب مصلحة الأمة، فتحالفوا مع الغرب ضدّ الشعب لضمان محافظتهم على كراسيهم، مما أوصلنا إلى هذا الحال المزري من الضعف، بما يؤكّد الحاجة لظهور قائد مجاهد يبثّ في الأجيال

الأمل من جديد ويثأر لهم من اليهود وأعوانهم، ويقود معارك الملحمة الكبرى مع أعداء الأمة.

المجاهرة بالفسوق والكبائر

كمحصلة لهذا الذي أصاب المسلمين في كل البلاد من الابتعاد عن المنهج الرباني وانغماسهم في الشهوات، كانت الفاتورة التي دفعتها الشعوب المسلمة للوصول إلى الصحوة الإسلامية التي أعادت لها الأمل قليلاً، كبيرة جداً، احتلال، دماء، أشلاء، تخلّف، فقر، جهل..الخ.

هذه الفاتورة كان لا بدّ من دفعها حسب السنن الكونية التي أرشدنا إليها ديننا الحنيف، فهذه الأمة عزّها بإسلامها، وقوتها بتمسكّها بدستورها الرباني الخالد، وهذا من البدهيات في ديننا يعرفه الصغير والكبير، ففي حجة الوداع كان من وصايا نبينا عليه الصلاة والسلام: "تركت فيكم ما لن تضلّوا بعده إن اعتصمتم به، كتاب الله"[78]، وفي رواية أخرى عن أبي هريرة –رضي الله عنه– قال: قال رسول الله صلى الله عليه وسلم: "إني قد تركت فيكم شيئين لن تضلوا بعدهما: كتاب الله وسنتي"[79]، وجاء في حديث آخر "فعليكم بسنّتي وسنّة الخلفاء الراشدين المهديّين، وعضّوا عليها بالنواجذ، وإياكم ومحدثات الأمور، فإنّ كلّ محدثة بدعة، وإنّ كلّ بدعة ضلالة"[80]، ولكن للأسف رمينا بذلك وراءنا ظهرياً، وتنكّبنا عن هديه وإرشاده، ونسينا سنن الله في عباده، فنزلت بنا هذه النوازل.

---

[78] أخرجه مسلم في الحج، باب حجة النبي صلى الله عليه وسلم.

[79] الحاكم في المستدرك.

[80] حديث صحيح أخرجه الإمام أحمد في مسنده.

نعم، وللأسف، لم تترك الأمة بأغلبها منكراً إلا وفعلته، ولا حراماً إلا وارتكبته، فتدرّج الكثير من شعوبنا من فعل الصغائر إلى ارتكاب الكبائر، ومن الإسرار إلى المجاهرة، ومن المجاهرة إلى المفاخرة، حتى انتشر ذلك في الساحات والطرقات، وفي الحدائق العامة والأسواق، بل خصصت شواطئ للرذيلة والعري في بعض البلاد التي من المفروض أن تكون مسلمة، ولكنها رفضت الاحتكام للإسلام، وأعلنت أنها علمانية بكل اعتزاز!.

استسهلت الأمة تعاطي الشهوات المحرّمة ثم تدرّجت لترك النوافل والطاعات، ثم انتقلت إلى ترك الفرائض والصلوات، فحطّمت بذلك كلّ أسوار منَعتها! فنوافلنا وطاعتنا سور لفرائضنا، وفرائضنا سور لعقيدتنا، وعقيدتنا سور لأمننا، فلمّا بدأ كثير من أبناءنا يتركون الفرائض ويتهاونون بها، تأصّل فيهم الفسق وقسوة القلب، حتى بدأ الانهيار في سور العقيدة، فكثر في أمتنا من يسبّ الله ورسوله علانية في الأماكن العامة دون استحياء ولا خجل، وتفاقم ذلك لدرجة أنه لم يعد يجرؤ أحد في بعض البلاد ذات الأنظمة الشمولية أن ينهى أو ينكر، ولا أن ينصح أو يصحّح، فانهار سور العقيدة الذي يحمي الأمة.

نعم إنّ هذا ما يحصل بكثرة في كثير من بلاد الإسلام، فكانت النتيجة الحتمية لذلك ما وصلنا إليه من دمار وفوضى وتخلّف وفقر ومآسٍ لا تحصى ولا تعدّ، لقد فعلنا ذلك بأيدينا، حين رأينا هذا كله يقع بيننا فلم نقم بواجب الأمر بالمعروف والنهي عن المنكر، ورأينا الظلم والعدوان، والجور والبغي والبهتان، ولم نأخذ على أيدي أصحابه بل لم ننكر عليهم، فحقّ علينا ما حقّ على بني إسرائيل في

الزمن الغابر، فعن عبد الله بن مسعود، قال: قال رسول الله صلى الله عليه وسلم: "إنّ أول ما دخل النقص على بني إسرائيل، كان الرجل يلقى الرجل، فيقول: يا هذا، اتق الله ودع ما تصنع، فإنه لا يحلّ لك، ثم يلقاه من الغد، فلا يمنعه ذلك أن يكون أكيله وشريبه وقعيده، فلما فعلوا ذلك ضرب الله قلوب بعضهم ببعض"، ثم قال: (لُعِنَ الَّذِينَ كَفَرُوا مِنْ بَنِي إِسْرَائِيلَ عَلَى لِسَانِ دَاوُودَ وَعِيسَى ابْنِ مَرْيَمَ ذَلِكَ بِمَا عَصَوْا وَكَانُوا يَعْتَدُونَ كَانُوا لَا يَتَنَاهَوْنَ عَنْ مُنْكَرٍ فَعَلُوهُ لَبِئْسَ مَا كَانُوا يَفْعَلُونَ تَرَى كَثِيرًا مِنْهُمْ يَتَوَلَّوْنَ الَّذِينَ كَفَرُوا لَبِئْسَ مَا قَدَّمَتْ لَهُمْ أَنْفُسُهُمْ أَنْ سَخِطَ اللَّهُ عَلَيْهِمْ وَفِي الْعَذَابِ هُمْ خَالِدُونَ وَلَوْ كَانُوا يُؤْمِنُونَ بِاللَّهِ وَالنَّبِيِّ وَمَا أُنْزِلَ إِلَيْهِ مَا اتَّخَذُوهُمْ أَوْلِيَاءَ وَلَكِنَّ كَثِيرًا مِنْهُمْ فَاسِقُونَ) [المائدة:79-81]. ثم قال: "كلا والله، لتأمرنّ بالمعروف ولتنهونّ عن المنكر، ولتأخذنّ على يدي الظالم، ولتأطرنّه على الحق أطراً، ولتقصرنّه على الحق قصراً"[81].

وعن قيس بن حازم قام أبو بكر —رضي الله عنه— فحمد الله وأثنى عليه، ثم قال: يا أيها الناس، إنكم تقرؤون هذه الآية: {يا أيها الذين آمنوا عليكم أنفسكم لا يضركم من ضل إذا اهتديتم} [المائدة: 105] ، وإنا سمعنا رسول الله صلى الله عليه وسلم يقول: "إنّ الناس إذا رأوا المنكر فلم يغيّروه، أوشك أن يعمّهم الله بعقابه"[82].

إنّ هذه الأمراض التي ابتليت بها أمتنا هي عين ما أخبر به عليه الصلاة والسلام أنه سيقع عند اقتراب الفتن والملاحم، فعن أبي مالك الأشعري عن النبي صلى الله عليه وسلم قال: "ليكوننّ من أمتي

---

[81] سنن أبي داود (4336).

[82] حديث صحيح على شرط الشيخين أخرجه الإمام أحمد في مسنده.

أقوام، يستحلون الحِرَ والحرير، والخمر والمعازف، ولينزلنّ أقوام إلى جنب علم، يروح عليهم بسارحة لهم، يأتيهم –يعني الفقير– لحاجة فيقولون: ارجع إلينا غداً، فيبيتهم الله، ويضع العلم، ويمسخ آخرين قردة وخنازير إلى يوم القيامة"[83].

وعن حذيفة بن اليمان قال: قال رسول الله صلى الله عليه وسلم: "من اقتراب الساعة اثنتان وسبعون خصلة: إذا رأيتم الناس أماتوا الصلاة، وأضاعوا الأمانة، وأكلوا الربا، واستحلّوا الكذب، واستخفّوا الدماء، واستعلوا البناء، وباعوا الدين بالدنيا، وتقطّعت الأرحام، ويكون الحكم ضعفاً، والكذب صدقاً، والحرير لباساً، وظهر الجور، وكثر الطلاق وموت الفجاءة، وائتمن الخائن، وخوّن الأمين، وصدّق الكاذب، وكذّب الصادق، وكثر القذف، وكان المطر قيظاً، والولد غيظاً، وفاض اللئام فيضاً، وغاض الكرام غيضاً، وكان الأمراء فجرة، والوزراء كذبة، والأمناء خونة، والعرفاء ظلمة، والقرّاء فسقة، وإذا لبسوا مسوك الضأن، قلوبهم أنتن من الجيفة، وأمرّ من الصبر، يغشيهم الله فتنة يتهاوكون[84] فيها تهاوك اليهود الظلمة، وتظهر الصفراء –يعني الدنانير– وتطلب البيضاء –يعني الدراهم– وتكثر الخطايا، وتغلّ الأمراء، وحلّيت المصاحف، وصوّرت المساجد، وطوّلت المنائر، وخربت القلوب، وشربت الخمور، وعطّلت الحدود، وولدت الأمة ربتها، وترى الحفاة العراة وقد صاروا ملوكاً، وشاركت

---

[83] البخاري في الأشربة، باب ما جاء فيمن يستحل الخمر ويسميه بغير اسمه. والحِرَ: الفرج. والمعنى أنهم يستحلون الزنا. والعلم: جبل أو علامة.
[84] الهوك: التحير والتردد في الأمور. وفي الحديث: "أمتهوّكون أنتم كما تهوّكت اليهود والنصارى".

المرأة زوجها في التجارة، وتشبّه الرجال بالنساء والنساء بالرجال، وحلف بالله من غير أن يستحلف، وشهد المرء من غير أن يستشهد، وسلّم للمعرفة[85]، وتفقّه لغير الدين، وطلبت الدنيا بعمل الآخرة، واتخذ المغنم دولاً، والأمانة مغنماً، والزكاة مغرماً، وكان زعيم القوم أرذلهم، وعقّ الرجل أباه، وجفا أمّه، وبرّ صديقه، وأطاع زوجته، وعلت أصوات الفسقة في المساجد، واتخذت القينات والمعازف، وشربت الخمور في الطرق، واتخذ الظلم فخراً، وبيع الحكم، وكثرت الشُرَط، واتخذ القرآن مزامير، وجلود السباع صفاقاً، والمساجد طرقاً، ولعن آخر هذه الأمة أولها، فليتقوا عند ذلك ريحاً حمراء وخسفاً ومسخاً، وآيات"[86].

إنّ من قرأ هذا الحديث في السلف الغابر ربما أخذه العجب من ذلك، أكلّ هذا سيكون في أمة الإسلام، في أمة القرآن والتوحيد؟ وإذا بالمستهجَن يصبح واقعاً منذ عشرات السنين، وها هو يتفاقم ويزداد سنة بعد سنة، بل وإنّ كثيراً من هذه البلايا والأمراض أصبح عادة عند بعض الشعوب المسلمة، تعيشه وتتقبّله دون إنكار، ويا

<hr>

[85] أي: لا يلقي المرء السلام إلا على من يعرفهم، والسنة أن يلقي المرء السلام على من يعرف ومن لا يعرف.

[86] حلية الأولياء وطبقات الأصفياء، أبو نعيم الأصفهاني. وأخرج الترمذي بعضاً منه بروايات متعددة. وكل ما جاء في حديث أبي نعيم له شاهد من حديث صحيح أو حسن أو ضعيف لم يشتدّ ضعفه، فآثرت الاكتفاء به حتى لا أكثر الروايات على القارئ.

للأسف[87]، ولو عاشت هذه الأمة كتاب ربها وتدبّرته حقّ التدبر لوجدت فيه عشرات الآيات التي تنذر بشؤم المعاصي والظلم، وتتوعّد الأمة عامة وليس المذنبين فحسب، ففي كتاب ربنا:

(كَدَأْبِ آلِ فِرْعَوْنَ وَالَّذِينَ مِنْ قَبْلِهِمْ كَذَّبُوا بِآيَاتِنَا فَأَخَذَهُمُ اللَّهُ بِذُنُوبِهِمْ وَاللَّهُ شَدِيدُ الْعِقَابِ) [آل عمران:11].

(أَلَمْ يَرَوْا كَمْ أَهْلَكْنَا مِنْ قَبْلِهِمْ مِنْ قَرْنٍ مَكَّنَّاهُمْ فِي الْأَرْضِ مَا لَمْ نُمَكِّنْ لَكُمْ وَأَرْسَلْنَا السَّمَاءَ عَلَيْهِمْ مِدْرَارًا وَجَعَلْنَا الْأَنْهَارَ تَجْرِي مِنْ تَحْتِهِمْ فَأَهْلَكْنَاهُمْ بِذُنُوبِهِمْ وَأَنْشَأْنَا مِنْ بَعْدِهِمْ قَرْنًا آخَرِينَ) [الأنعام:6].

(أَوَلَمْ يَسِيرُوا فِي الْأَرْضِ فَيَنْظُرُوا كَيْفَ كَانَ عَاقِبَةُ الَّذِينَ كَانُوا مِنْ قَبْلِهِمْ كَانُوا هُمْ أَشَدَّ مِنْهُمْ قُوَّةً وَآثَارًا فِي الْأَرْضِ فَأَخَذَهُمُ اللَّهُ بِذُنُوبِهِمْ وَمَا كَانَ لَهُمْ مِنَ اللَّهِ مِنْ وَاقٍ) [غافر:21].

(فَكُلًّا أَخَذْنَا بِذَنْبِهِ فَمِنْهُمْ مَنْ أَرْسَلْنَا عَلَيْهِ حَاصِبًا وَمِنْهُمْ مَنْ أَخَذَتْهُ الصَّيْحَةُ وَمِنْهُمْ مَنْ خَسَفْنَا بِهِ الْأَرْضَ وَمِنْهُمْ مَنْ أَغْرَقْنَا وَمَا كَانَ اللَّهُ لِيَظْلِمَهُمْ وَلَكِنْ كَانُوا أَنْفُسَهُمْ يَظْلِمُونَ) [العنكبوت:40].

(وَتِلْكَ الْقُرَى أَهْلَكْنَاهُمْ لَمَّا ظَلَمُوا وَجَعَلْنَا لِمَهْلِكِهِمْ مَوْعِدًا) [الكهف:59].

(وَمَا أَصَابَكُمْ مِنْ مُصِيبَةٍ فَبِمَا كَسَبَتْ أَيْدِيكُمْ وَيَعْفُو عَنْ كَثِيرٍ) [الشورى:30].

(وَإِذَا أَرَدْنَا أَنْ نُهْلِكَ قَرْيَةً أَمَرْنَا مُتْرَفِيهَا فَفَسَقُوا فِيهَا فَحَقَّ عَلَيْهَا الْقَوْلُ فَدَمَّرْنَاهَا تَدْمِيرًا) [الإسراء:16].

---

[87] عن عبد الله بن عمرو قال: قال رسول الله صلى الله عليه وسلم: "لا تقوم الساعة حتى تتسافدوا في الطريق تسافد الحمير" قلت: إن ذاك لكائن؟ قال: "نعم ليكونن". صحيح ابن حبان.

(فَلَمَّا نَسُوا مَا ذُكِّرُوا بِهِ أَنْجَيْنَا الَّذِينَ يَنْهَوْنَ عَنِ السُّوءِ وَأَخَذْنَا الَّذِينَ ظَلَمُوا بِعَذَابٍ بَئِيسٍ بِمَا كَانُوا يَفْسُقُونَ) [الأعراف:165].

(إِنَّا مُنْزِلُونَ عَلَى أَهْلِ هَذِهِ الْقَرْيَةِ رِجْزًا مِنَ السَّمَاءِ بِمَا كَانُوا يَفْسُقُونَ) [العنكبوت:34].

(وَضَرَبَ اللَّهُ مَثَلًا قَرْيَةً كَانَتْ آمِنَةً مُطْمَئِنَّةً يَأْتِيهَا رِزْقُهَا رَغَدًا مِنْ كُلِّ مَكَانٍ فَكَفَرَتْ بِأَنْعُمِ اللَّهِ فَأَذَاقَهَا اللَّهُ لِبَاسَ الْجُوعِ وَالْخَوْفِ بِمَا كَانُوا يَصْنَعُونَ) [النحل:112].

وهناك كثير غيرها من الآيات الواضحات التي يقرؤها المسلمون في صلواتهم ومساجدهم، ولكن دون تمعّن ولا تدبّر، ولا مبادرة بالعمل والتطبيق.

ومما يدلّ على عموم العذاب والبلاء إذا عمّ الظلم والفسوق، قول الله تعالى: (وَاتَّقُوا فِتْنَةً لَا تُصِيبَنَّ الَّذِينَ ظَلَمُوا مِنْكُمْ خَاصَّةً وَاعْلَمُوا أَنَّ اللَّهَ شَدِيدُ الْعِقَابِ) [الأنفال:25].

وقوله عز وجلّ: (وَلَا تَرْكَنُوا إِلَى الَّذِينَ ظَلَمُوا فَتَمَسَّكُمُ النَّارُ وَمَا لَكُمْ مِنْ دُونِ اللَّهِ مِنْ أَوْلِيَاءَ ثُمَّ لَا تُنْصَرُونَ) [هود:113].

وقوله تبارك وتعالى: (وَلَوْ يُؤَاخِذُ اللَّهُ النَّاسَ بِظُلْمِهِمْ مَا تَرَكَ عَلَيْهَا مِنْ دَابَّةٍ وَلَكِنْ يُؤَخِّرُهُمْ إِلَى أَجَلٍ) [النحل:61].

ومما يدلّ على ذلك من السنة الشريفة: حديث السيدة زينب بنت جحش قالت: فقلت يا رسول الله أنهلك وفينا الصالحون؟ قال: "نعم إذا كثر الخَبَث"[88].

---

[88] أخرجه البخاري في أحاديث الأنبيا، باب قصة يأجوج ومأجوج. ومسلم في الفتن وأشراط الساعة، باب اقتراب الفتن وفتح ردم يأجوج ومأجوج.

وحديث أبي بكر رضي الله عنه، الذي مرّ في أول هذا البحث، وفيه: وإنا سمعنا رسول الله صلى الله عليه وسلم يقول: "إنّ الناس إذا رأوا المنكر فلم يغيّروه، أوشك أن يعمّهم الله بعقابه". وفي رواية "إذا رأوا الظالم" بدل "المنكر" وفي رواية "المنكر أو الظالم".

وعن حذيفة بن اليمان عن النبي صلى الله عليه وسلم قال: "والذي نفسي بيده لتأمرنّ بالمعروف ولتنهوُنّ عن المنكر أو ليوشكَنّ الله أن يبعث عليكم عقاباً منه ثم تدعونه فلا يستجاب لكم"[89].

فهذه إرهاصات على علامات قرب الملاحم كما دلّ حديث حذيفة السالف الذكر، والأحاديث العديدة التي ذكرتها في فصل تصنيف علامات الساعة، ولا بدّ لهذه الملاحم من ظهور المهدي الموعود.

[89] الترمذي (2169).

تضييع القيم وأمانة الحكم

إنّ التساهل في الدين، والانغماس في الشهوات، قاد الأمة إلى بلاء أعظم ومرض أخطر، ألا وهو الاستهتار وتضييع القيم التي تقرّها وتحرص عليها كلّ الشرائع والشعوب، كالعدل، ورعاية الحقوق، والصدق، الإيثار، التضحية، والأمانة، الأمانة على الأسرة، الأمانة على المنصب، الأمانة على العمل، الأمانة على الحكم، وهي أعظم الأمانات وأثقلها حملاً، لأنّها أمانة عامة على العباد والبلاد والدين، فوظيفة الحاكم في الإسلام: سياسة أمر الدين والدنيا.

نعم، إذا باع الإنسان دينه من أجل الشهوات ومُتع الدنيا، سهُل عليه أن يبيع كلّ شيء بعد ذلك، ومن رخُص عليه دينه رخُصت عليه الأعراض والأموال والأوطان، وهذه ضريبة استحكام الشهوات والأهواء في النفوس، قال تعالى مخاطباً نبياً من الأنبياء: (يَا دَاوُودُ إِنَّا جَعَلْنَاكَ خَلِيفَةً فِي الْأَرْضِ فَاحْكُمْ بَيْنَ النَّاسِ بِالْحَقِّ وَلَا تَتَّبِعِ الْهَوَى فَيُضِلَّكَ عَنْ سَبِيلِ اللَّهِ إِنَّ الَّذِينَ يَضِلُّونَ عَنْ سَبِيلِ اللَّهِ لَهُمْ عَذَابٌ شَدِيدٌ بِمَا نَسُوا يَوْمَ الْحِسَابِ) [ص:26]. وقال عز من قائل: (أَرَأَيْتَ مَنِ اتَّخَذَ إِلَهَهُ هَوَاهُ أَفَأَنْتَ تَكُونُ عَلَيْهِ وَكِيلًا) [الفرقان:43].

ونتيجة لاستحكام الهوى في نفوس أبناء الأمة ضاع كل شيء، ضاع الإنسان، والإنسان هو الثروة الحقيقية للوطن، وضياعه ضياع الوطن، وبتهاون الحاكم والمحكوم في حمل الأمانة لن يسلم دين ولا دنيا، فلذا حصدنا الويلات وراء الويلات، والذلّ يتلوه الذلّ، والعار إثر العار، وهذا نذير شؤم –والعياذ بالله– ينذر بضياع الأمة كلها

إن لم تفق من غيبوبتها، ولم تصحُ من سكرتها، ولم تُعِد الأمور إلى نصابها.

عن أبي هريرة -رضي الله عنه- قال: بينما النبي صلى الله عليه وسلم في مجلس يحدّث القوم، جاءه أعرابي فقال: متى الساعة؟ فمضى رسول الله صلى الله عليه وسلم يحدّث، فقال بعض القوم: سمع ما قال فكره ما قال. وقال بعضهم: بل لم يسمع! حتى إذا قضى حديثه قال: "أين أُراه السائل عن الساعة؟" قال: ها أنا يا رسول الله، قال: "فإذا ضُيّعت الأمانة فانتظر الساعة"، قال: كيف إضاعتها؟ قال: "إذا وُسد الأمر إلى غير أهله فانتظر الساعة"[90].

وعن أبي هريرة -أيضاً- قال: قال رسول الله صلى الله عليه وسلم: "إنها ستأتي على الناس سنون خدّاعة، يصدّق فيها الكاذب، ويكذّب فيها الصادق، ويؤتمن فيها الخائن، ويخوّن فيها الأمين، وينطق فيها الروَيْبِضة" قيل: وما الرويبضة يا رسول الله؟ قال: "السفيه يتكلّم في أمر العامة"[91]. أي يتعاطى الشأن العام كالسياسة ومصالح البلاد العامة.

لذا رأينا الشباب الذي سئم الذلّ والعار، والذي أضناه الفقر والأسى، والذي رأى وسمع كيف تباع الأوطان وتشترى، وكيف يقايض على مصير الشعوب في أسواق السياسة العفنة من أجل الكراسي والمناصب، والذي ملّ من كلّ النخب والزعماء وتنظيرهم وترّهاتهم، إذ لم تحصد البلاد منهم إلا الفشل بعد الفشل، والاستخذاء يتبعه

---

[90] البخاري في العلم، باب من سئل علماً وهو مشتغل في حديثه، فأتم الحديث ثم أجاب السائل.

[91] أحمد في مسنده، والحاكم في مستدركه، وصحح إسناده، ووافقه الذهبي.

الاستخذاء، رأيناه يهبّ من رقاده، ويستيقظ من غفوته، ويكسر القيود والأغلال، ويهجر الملذّات والشهوات، ويضحّي بالغالي والنفيس، ويبذل المهج والأنفس والأرواح، ليفجّر ثورة على كلّ هذا، لينقل الأمة إلى شرفها الأول، وليستعيد عزّها البائد، وهو ما سيتحقق بإذن الله، وبوعد رسول الله، ولكن بيننا وبينه أثمان باهظة ستدفع، ولا بأس! وتضحيات كبيرة ستبذل، ولا ضير! فهي ضريبة السيادة والتمكين في الأرض. فعن أبي سعيد الخدري قال: قال رسول الله صلى الله عليه وسلم: "لا تقوم الساعة حتى تمتلئ الأرض ظلماً وعدواناً ثم يخرج رجل من عترتي، أو من أهل بيتي، يملؤها قسطاً وعدلاً، كما مُلئت ظلماً وعدواناً"[92].

---

[92] أحمد في مسنده، وقال الحاكم: هذا حديث صحيح على شرط الشيخين، ولم يخرجاه، ووافقه الذهبي.

68

الثورات العربية والمخاض العسير

لقد حذّر كثير من النخب والزعامات بقرب حدوث انفجار مجتمعي، كنتاج طبيعي لكل هذه الكوارث التي حلّت بالأمة على كل الأصعدة، انفجار بركان خامد لنار ثورية يغيّر لهيبها المعادلة ويقلب جمرها الأوضاع، وهذا ما حدث، فالأحداث التي ذكرتها قبلُ من هزيمة حرب الأيام الستة مع اليهود عام (1967م) وما أعقبها من تزايد القبضة الحديدية من بعض الحكام على الشعوب، ثم الهزيمة المسكوت عنها والتي سُوّقت على أنها نصر مؤزّر في حرب تشرين التحريكية (1973م) والتي أدّت إلى نتائج مخزية في الواقع كعقد السلام مع إسرائيل بشروط مجحفة، وتغيير العقيدة القتالية للجيوش العربية بما يضمن تهميشها، وإقرار السلام مع اليهود كخيار استراتيجي، بعد أن تربّت الشعوب على خيار تحرير فلسطين من النهر إلى البحر، ثم احتلال أفغانستان والعراق وما جرى في لبنان، أضف إلى ذلك ضعف التنمية في معظم المجالات وتزايد معدلات الفقر، لم تكن كل هذه التراكمات لتمرّ على الشعوب مرور الكرام، فمهما كانت المبرّرات فإنّ الشعوب لا يمكن أن تبقى مهضومة الجانب مهيضة الجناح إلى الأبد.

إذن عوامل الانفجار كلّها كانت موجودة وفي أحسن ظروفها وحالاتها، ولم تكن تحتاج إلا إلى شرارة صغيرة لتلهب الهشيم ناراً لا تنطفي، فبدأت الشرارة من تونس عندما لفّ الظلم ذلك الشاب الذي أحرق نفسه، وكانت شرارة أخرى في لَعِب أطفالٍ صِبيةٍ من حوران الشام (درعا) حين كتبوا على جدار مدرستهم "الشعب يريد إسقاط النظام"[93]، وهكذا، وسواء أكان هذا الانفجار مخططاً ومعدّاً له من الغرب مسبقاً بانتظار هذه الشرارة -وهو ما أميل إليه، وكتبت محذّراً منه منذ بداية ثورة مصر، ثمّ أثبتته الأحداث بعد ذلك- أو كان تجاوب هذا الانفجار مع الشرارة عفوياً من الشعوب، فإنّ التداعيات لن تختلف كثيراً، لأنّ الغرب ولا شكّ لن يقف مكتوف الأيدي ولا متفرّجاً، بل سيحرّك كل خيوطه ويوظّف كلّ استخباراته لتجيير الحدث لحسابه، وليستثمره لترسيخ مصالحه بشكل صارخ وغير أخلاقي على الإطلاق، وقد مثلت مرحلة الربيع العربي فرصة سانحة لأن يتقدم مجموعة من الباحثين الغربيين بأطروحات أكثر جرأة فيما يتعلق بإعادة رسم خريطة المنطقة العربية على أسس إثنية ومذهبية؛ ففي الوقت الذي ركزت فيه الحركات الشعبية في الجمهوريات العربية على تعزيز الحريات العامة وإصلاح أنظمة الإدارة والحكم؛ انخرطت

---

[93] ورد في أثر ضعيف عن سعيد بن المسيب -رحمه الله- قال: "تكون فتنة كأن أولها لَعِب الصبيان، كلما سكنت من جانب طمّت من جانب، فلا تتناهى حتى ينادي مناد من السماء: ألا إنّ الأمير فلان". رواه نعيم بن حماد في الفتن.

بعض مراكز الفكر الغربية في دعم توجهات جماعات اللوبي الإيراني والإسرائيلي لمناقشة المشاريع التفتيتية وترجيح كفّة مطالب الجماعات المتشددة بالحكم الذاتي والانفصال السياسي.

ففي أتون حالة الفوضى التي انتابت الجمهوريات العربية ابتداء من عام (2011م)، تنامت ظاهرة الولع الغربي بخريطة المنطقة العربية؛ إذ بدأت تظهر رسومات جديدة وخرائط مستحدثة لإعادة تقسيم المنطقة وفق مصالح القوى الدولية المتنافسة، ومثل المشهد الإنساني المروّع للأزمة السورية فرصة لتناول الثورات العربية من منظور جديد؛ ففي محاضرة بمدرسة «جيرالد فورد للسياسة العامة» طرح عرّاب السياسة الخارجية الأمريكية هنري كيسنجر فكرة تقسيم سورية على أسس إثنية وطائفية، قائلاً: "هنالك ثلاث نتائج ممكنة: انتصار الأسد، أو انتصار السنّة، أو نتيجة تنطوي على قبول مختلف القوميات بالتعايش معاً، ولكن في مناطق مستقلة ذاتياً على نحو أو آخر، بحيث لا تقمع بعضها البعض، وهذه هي النتيجة التي أفضّل رؤيتها تتحقق"[94].

---

[94] نقلاً عن جريدة البيان (العدد 317 محرم 1435هـ، نوفمبر 2013م)، مدعّماً بالمصدر.

وهذا لم يعُد سرّاً ولا لغزاً بل أصبح واضحاً وضوح الشمس لغير أعمى البصر والبصيرة. والهدف هو نشر الفوضى، وإدخال البلاد في أتون نزاعات مرعبة على مثيل العراق والصومال، للوصول إلى تقسيم المنطقة لدول خاضعة مستكينة لا طاقة لها في مقارعة الصهيونية ولا قوة لديها للوقوف في وجه المطامع الغربية، وقد بينت هذا في فصل سابق.

إنّ آليات تغيير المجتمعات المسلمة أسّها وأساسها ولُحمتها وسُداها التربية والتعليم، والقدوة الحسنة الصالحة، وهذا مبدأ قرّره القرآن الكريم: (إن الله لا يغير ما بقوم حتى يغيروا ما بأنفسهم) [الرعد:12]، وكل تغيير يتجاهل ذلك هو عمل ناقص ولا يحقق مقاصد الشرع، إنّ مدلول هذه الآية أنّ التمكين للمسلمين في الأرض لا يكون إلا إن أزالوا المنكر وأقاموا المعروف وأخذوا أنفسهم بالتقوى، فهل المسلمون اليوم أهل للتمكين والنصر؟ الإجابة هي بالنفي، وذلك استنتاجاً مما استعرضناه في الفصول السابقة التي بيّنتُ فيها حقيقة وضع الأمة الأخلاقي ومدى بعده عن منهج الله القائل: (وَلَيَنْصُرَنَّ اللَّهُ مَنْ يَنْصُرُهُ إِنَّ اللَّهَ لَقَوِيٌّ عَزِيزٌ الَّذِينَ إِنْ مَكَّنَّاهُمْ فِي الْأَرْضِ أَقَامُوا الصَّلَاةَ وَآتَوُا الزَّكَاةَ وَأَمَرُوا بِالْمَعْرُوفِ وَنَهَوْا عَنِ الْمُنْكَرِ وَلِلَّهِ عَاقِبَةُ الْأُمُورِ) [الحج:41]. إضافة إلى تعقيد منظومة الحكم والسياسة في كثير من بلاد المسلمين وتبنّيها العلمانية والقوانين الوضعية بدل تحكيم شرع الله الذي وعدنا التمكين بما شرطه في محكم كتابه: (وَعَدَ

اللَّهُ الَّذِينَ آمَنُوا مِنْكُمْ وَعَمِلُوا الصَّالِحَاتِ لَيَسْتَخْلِفَنَّهُمْ فِي الْأَرْضِ كَمَا اسْتَخْلَفَ الَّذِينَ مِنْ قَبْلِهِمْ وَلَيُمَكِّنَنَّ لَهُمْ دِينَهُمُ الَّذِي ارْتَضَى لَهُمْ وَلَيُبَدِّلَنَّهُمْ مِنْ بَعْدِ خَوْفِهِمْ أَمْنًا يَعْبُدُونَنِي لَا يُشْرِكُونَ بِي شَيْئًا وَمَنْ كَفَرَ بَعْدَ ذَلِكَ فَأُولَئِكَ هُمُ الْفَاسِقُونَ) [النور:55]، كل هذا يجعلنا ندرك بالبداهة أنّ الأمور مرشحة لمخاطر عظيمة، ولنزاعات عميقة طويلة، وسنوات الربيع العربي التي مرّت هي خير دليل لمن أراد أن يعقل أو يتّعظ، والذي يظنّ أنّ الأمور لن تأخذ منحى أكبر من ذلك وأخطر يكون ساذجاً وواهماً، لأنّ المخطط الصهيوني الغربي يهدف لاجتياح العالم العربي والسيطرة على مقدرات العالم الإسلامي! قد يرى البعض هذا الكلام خرافياً ومغرقاً في الخيال والتشاؤم، ولكن الواقع المرير الذي وصلت إليه بعض بلاد العالم العربي يؤكّد ذلك، والانقسام العمودي في الشارع المصري المعروف بطيبته ومسالمته أكبر دليل على أنّ القادم مخيف، وكل من يحاول أن يسوّق الآمال غير المبنية على الحقائق على الأرض ويتجاهل سنن الله الكونية، هو في الواقع يخدع الأمة ويغشّها، إذ لا يجوز أن نتستّر على المخاطر أو نتجاهلها، بل لا بدّ لنا من التنبيه عليها كما هي، والتحذير منها بكل شفافية لتنهض الأمة من سباتها وتمتشط سلاحها وتستعدّ لما هو آت وبادٍ بوضوح في الأفق، والإشارات النبوية تنبئ بأنّ هذه الأمة بعد سقوط الخلافة وتسلّط الحكم الجبري ستُمتحن بالفتن المظلمة، وستمتلئ بالجور والظلم، وسيضرب بعضها رقاب

بعض، ففي حديث شداد بن أوس -رضي الله عنه- أن النبي صلى الله عليه وسلم قال: "وإني سألت ربي عز وجل لا يهلك أمتي بسنة بعامّة، وأن لا يسلّط عليهم عدواً فيهلكهم بعامّة، وأن لا يلبسهم شيعاً، ولا يذيق بعضهم بأس بعض، وقال: "يا محمد إني إذا قضيت قضاء، فإنه لا يُردّ، وإني قد أعطيتك لأمتك أن لا أهلكهم بسنة بعامّة، ولا أسلّط عليهم عدواً ممن سواهم فيهلكوهم بعامّة، حتى يكون بعضهم يهلك بعضاً، وبعضهم يقتل بعضاً، وبعضهم يسبي بعضاً"[95]، وعن أبي بصرة الغفاري أنّ رسول الله صلى الله عليه وسلم قال: "سألت ربي عز وجل أربعاً، فأعطاني ثلاثاً ومنعني واحدة، سألت الله عز وجل أن لا يجمع أمتي على ضلالة فأعطانيها، وسألت الله عز وجل أن لا يُظهر عليهم عدواً من غيرهم فأعطانيها، وسألت الله عز وجل أن لا يهلكهم بالسنين كما أهلك الأمم قبلهم فأعطانيها، وسألت الله عز وجل أن لا يلبسهم شيعاً ويذيق بعضهم بأس بعض فمنعنيها"[96].

ومن هذه الإشارات النبوية ما جاء عن عبد الله بن عمر: كنا عند رسول الله صلى الله عليه وسلم قعوداً، فذكر الفتن، فأكثر في ذكرها حتى ذكر فتنة الأحلاس، فقال قائل: يا رسول الله، وما فتنة الأحلاس؟ قال: "هي فتنة هَرَب وحَرَب. ثم فتنة السرّاء، دخَلُها أو

---

[95] حديث صحيح أخرجه الإمام أحمد في مسنده. السَّنَة: القحط والجدب.

[96] صحيح لغيره، أخرجه الإمام أحمد في مسنده.

دخَنُها من تحت قدمَيْ رجل من أهل بيتي، يزعم أنه مني، وليس مني، إنما وليي المتقون، ثم يصطلح الناس على رجل كوَرِك على ضِلَع. ثم فتنة الدُّهَيماء لا تدع أحداً من هذه الأمة إلا لطمته لطمة، فإذا قيل: انقطعت تمادّت، يصبح الرجل فيها مؤمناً ويمسي كافراً، حتى يصير الناس إلى فُسطاطين، فُسطاط إيمان لا نفاق فيه، وفسطاط نفاق لا إيمان فيه، إذا كان ذاكم فانتظروا الدجّال من اليوم أو غد"[97].

---

[97] حديث صحيح أخرجه الإمام أحمد في مسنده. وقال الحاكم: هذا حديث صحيح الإسناد ولم يخرّجاه، ووافقه الذهبي. الأحلاس: إنما أضيفت الفتنة إلى الأحلاس لدوامها وطول لبثها، يقال للرجل إذا كان يلزم بيته لا يبرح: هو حلس بيته. وقد يحتمل أن يكون شبهه بالأحلاس لسواد لونها وظلمتها. والحرَب: ذهاب المال والأهل، يقال: حرَب الرجل، فهو حريب: إذا سُلب ماله وأهله.

والدخَن: الدخان، يريد أنها تثور كالدخان من تحت قدميه.

وقوله: "كورك على ضلع" مثل، ومعناه: الأمر الذي لا يثبت ولا يستقيم، وذلك أن الضلع لا يقوم بالورك ولا يحمله، يريد أن هذا الرجل غير خليق للملك، ولا مستقل به.

"فتنة السراء": أي: فتنة سبب وقوعها سرور الناس بكثرة النعم وفضول الأموال، أو لأنها تسر الأعداء لوقوع الخلل في المسلمين.

الدهيماء: تصغير الدهماء، للتعظيم، وهي الداهية السوداء المظلمة من إضافة الموصوف إلى الصفة.

وعن أبي هريرة، قال: قال رسول الله صلى الله عليه وسلم: "مَنَعت العراق درهمَها وقفيزها، ومَنَعت الشأم مُدْيَها ودينارها، ومَنَعت مصر إردبّها ودينارها، وعدتم من حيث بدأتم، وعدتم من حيث بدأتم، وعدتم من حيث بدأتم" شهد على ذلك لحم أبي هريرة ودمه.[98] أي أنّ هذه البلاد الخصيبة، كثيرة الخيرات ووافرة الغلال، ستصبح نتيجة الحروب والنزاعات وانعدام الأمن، بلاداً فقيرة لا يتمكن أهلها من زراعة أرضهم ولا حصاد محصولهم، فتنعدم خيراتها، وتقلّ غلّاتها، أو أنّ العجم والروم يستولون عليها ويحاصرونها ويمنعون الإمدادات منها وإليها، كما جاء مصرّحاً به في حديث جابر بن عبد الله قال: يوشك أهلُ العراق أن لا يُجبى إليهم قَفيز ولا درهم، قلنا: من أين ذاك؟ قال: من قِبَل العجم، يَمنَعون ذاك، ثم قال: يوشك أهل الشأم أن لا يُجبى إليهم دينار ولا مُدْيٌ، قلنا: من أين ذاك؟ قال: من قِبَل الروم، ثم سكت هُنيّة، ثم قال: قال رسول الله صلى الله عليه وسلم: "يكون في آخر أمتي خليفة يحثي المال حثياً، لا يعدّه عدداً". قال: قلت لأبي نضرة وأبي العلاء: أترياان أنه عمر بن عبد العزيز؟ فقالا:

والفسطاط: المدينة التي فيها مجتمع الناس. انظر تفصيل ذلك في فصل الأحلاس والدهيماء من هذا الكتاب.

[98] مسلم في الفتن وأشراط الساعة، باب لا تقوم الساعة حتى يحسر الفرات عن جبل من ذهب.

لا[99]. والذي يتأمل هذا الحديث يرى فيه الإشارة إلى أنّ من سيسيطر على الشام غير من يسيطر على العراق، ففي العراق: العجم، وفي الشام: الروم. والعجم في الغالب هم أهل الشرق من غير العرب، أما الروم فهم أهل الغرب. وفي سكوت الصحابي هنيّة إشارة إلى أنّ هذا سيدوم فترة ليست بالقصيرة ولا بالطويلة، وستكون فيها حروب طاحنة يصبح خلالها المسلمون كالغرباء، وهو ما أشار إليه الحديث الذي قبله بقوله صلى الله عليه وسلم: "وعدتم من حيث بدأتم" وأكّدها ثلاثاً، ثمّ يأتي الفرج من الله تعالى باجتماع الأمة على خليفة يمكّن الله له فينشر الخير ويفيض المال، فالحديث يدلّ أيضاً أنّه ليس بين هذا الحصار وبين الخليفة الذي ستجتمع عليه الأمة إلا ظهوره، لأنه سكت هُنيّة ثم أعقبه بهذه البشارة وأكدّ عليها بأنها في آخر الزمان.

فكون معظم ما ذكر أصبح واقعاً نراه اليوم بأعيننا في الشام، حيث تحاصر القرى والأرياف ويمنع عنها الطعام والشراب، وكيف تمنع غلالها فتحرق الأرض والمحاصيل وتباد كل أشكال الحياة فيها، وقد رأيناه قبل في العراق ولا تزال آثاره باقية إلى اليوم وأحداثه متتالية لا تتوقف، كل ذلك وقع كما أخبر عنه المعصوم صلى الله عليه وسلم، فهو يدلّ ويؤشّر على أننا على مقربة من ملاحم الأمة الكبرى.

---

[99] مسلم في الفتن وأشراط الساعة، باب لا تقوم الساعة حتى يمر الرجل بقبر الرجل الخ.

تفجّر النزاع الشيعي السنّي

ذكرت في فصل سابق أنّ ما سمّي الثورة الإسلامية الإيرانية كانت واحدة من أهمّ الأحداث التي كان لها تأثيرات مهمّة على الساحة العربية والدولية وتداعيات خطيرة على العالم العربي، وهي تداعيات متعددة ولكن الذي يهمّنا منها هو ما يتعلق بموضوع هذا الكتاب، ألا وهو الفتن والقلاقل التي تسبق ظهور المهدي عليه السلام.

منذ نجاح الثورة في إيران تبنّى زعماؤها شعار مقاومة العدو الصهيوني وتحرير القدس، والوحدة الإسلامية، وكانوا أنشؤوا مجمّعاً أطلقوا عليه اسم "المجمّع العالمي للتقريب بين المذاهب"، وبدؤوا تحت غطاء هذه الشعارات كسب تعاطف الشعوب المسلمة، وخاصة من خلال دعمهم فيما بعد لحركتي حماس والجهاد الإسلامي اللتين تتبنيان شعار المقاومة وتمارسانه فعلياً على الأرض، ولكن مع مرور الوقت بدأ يبرز بوضوح التوجه الشيعي الطائفي لهذه الدولة التي تعاطف مع ثورتها مئات الملايين من المسلمين حول العالم، إذ تبيّن لاحقاً أنّ طهران لا يوجد فيها مسجد واحد لأهل السنّة، بل يوجد قرار من أعلى المستويات بمنع تشييد أيّ مسجد للسنة، وبمقابل ذلك يوجد العديد من أماكن العبادة لليهود (البِيَع) أو للنصارى

(الكنائس)[100]، وأما الأهواز السنية التي تحتلها إيران والتي تعادل مساحتها ثمانية أضعاف فلسطين، فقد بدأت تصل منها أخبار الاضطهاد غير المسبوق للسنة وإعدام كثير من علمائها ودعاتها، وأما دعم إيران اللامتناهي لحزب الله اللبناني، وإنجازه لتحرير الجنوب اللبناني بفضل هذا الدعم فإنّه بدأ مع الوقت يبدو وكأنه الذراع العسكري لتحقيق مصالحها في المنطقة نتيجة للمواقف والممارسات التي قام بها في لبنان في محطات متعددة، وأخيراً افتضح التوجه الطائفي لإيران وحزب الله بشكل لا لَبس فيه مع اندلاع الثورة في سوريا، فبينما كان المرجوّ منهما حسب الشعارات

---

[100] ذكر هذا الكلام الدكتور عبد الله النفيسي –المتخصص في الشؤون الإيرانية– في أكثر من محاضرة ومقابلة تلفزيونية، وذكر أنّه تحقق بنفسه من هذه المعلومات من خلال السفير الإيراني في الكويت (علي جنّتي) عندما طالبه بالسماح له مع بعض المتبرعين الكويتيين لإقامة مسجد في طهران لأهل السنة، ومن خلال زيارته لطهران والتحقق من وجود البيع والكنائس بينما لا يوجد في طهران كلها مسجد سنّي واحد، وأنه مكث في طهران شهراً ونصف الشهر يصلي الجمعة في السفارة السعودية أو المصرية، لعدم وجود مسجد للسنّة، وأنّ أعضاء هاتين السفارتين أكّدوا له أنه لا يوجد في طهران كلها – على ضخامتها – مسجد واحد للسنة، وكان هذا هو سبب تحوّله من مناصر ومنادٍ للوحدة والتقارب مع الشيعة إلى الطرف الآخر، وهو التحذير من خطر التمدد الإيراني الصفوي باستغلال الشيعة العرب، وعدم الغفلة عما تسعى إليه إيران من السيطرة على الخليج تحت شعارات التقريب بين الشيعة والسنة وشعار الوحدة الإسلامية.

المعلنة ليل نهار وفي كل محفل أن يناصرا حركات التحرّر في المنطقة ويصطفّا إلى جانبها، كما فعلت حركة حماس بوقوفها مع الشعب السوري ضد جلاديه، مضحّية بكل قواعدها في سوريا، وأغضبت حليفيها القويين إيران والنظام السوري انتصاراً للحقّ والعدالة بما ينسجم مع مبادئها كحركة تحرّر ومقاومة، رأينا إيران والعراق وحزب الله يفعلون عكس ذلك تماماً، فيقفون مع الطغاة ضدّ الشعوب فتقاتل ميليشياتهم في البلدات السورية و (تحررها!) بدل مدن فلسطين، وفي نفس الوقت يتّخذون موقفاً مغايراً تجاه النزاعات في دول المنطقة الأخرى، بما لا يفسّر إلا بأنّه تقديم المصالح الطائفية على المبادئ والقيم، رأينا هذا منهم جليّاً في كلّ من لبنان وسوريا والعراق والبحرين ودعم الحوثيين في اليمن.

هذا النزاع الطائفي الذي تشهده المنطقة اليوم هو ثمرة تآمر صهيوني غربي بدأ حثيثاً بعد الحرب العربية الإسرائيلية عام (1973م)، وهو محصّلة دراسة وتوصية من وزير الخارجية الأمريكي في ذلك الوقت هنري كسينجر، اليهودي الديانة والانتماء، بهدف دبّ النزاعات الطائفية والعرقية في المنطقة وخلق عداوة بين دولها وتحييد إسرائيل من هذا النزاع، وتقسيم المنطقة إلى دول دينية لتبرير جعل إسرائيل دولة يهودية خالصة لليهود، وهذا يفسّر خذلان العالم للثورة السورية ودعم النظام الطائفي فيها، ويفسّر السكوت طوال أكثر من ثلاثين عاماً عن قيام التنظيمات والميليشيات الشيعية والتغاضي عنها، بينما

لا يسمح بقيام أي ميليشيا سنية مسلّحة ومدرّبة رداً على تلك التي وجدت في لبنان والعراق وإيران، وبينما تُدرَج حماس وغيرها من التنظيمات السنّية على قائمة الإرهاب رغم أنها قامت في أرض فلسطين وللدفاع عن أرضٍ وشعبٍ محتلّين، لا يتمّ الشي نفسه بالنسبة للتنظيمات الشيعية في بلدان لا يفهم من وجودها فيها إلا ترسيخ الطائفية وشرخ المجتمع. وإنّ من يلقي نظرة سريعة على خارطة الشام وما حولها لمتابعة النشاط الشيعي، يستنتج أنّ هذا النزاع مرشّح للتفاقم والتوسّع وينذر بعواقب لا تُحمد عقباها، مما يؤكّد حاجة الأمة للتعاون والوحدة ولمّ الشمل للدفاع عن وجودها وكيانها، وإنّ أول خطوة لهذا التعاون –بعد أن فشلت كل جهود العلماء والمخلصين في نزع هذا الفتيل– نصرة الشام بالغالي والنفيس لصدّ الهجمة الصفوية الشيعية وكسر مشروعها في التوسّع والهيمنة على المنطقة، بل هو الواجب المحتّم، فالشام هي الحصن الأخير لهذه الأمة، وهي اليوم تخوض المعركة نيابة عن الأمة كلها، فإذا سقطت فويلٌ للعرب من قادم الأيام، فعن معاوية بن قرّة عن أبيه قال: قال رسول الله صلى الله عليه وسلم: "إذا فسد أهل الشام، فلا خير فيكم"[101].

---

[101] حديث صحيح الإسناد أخرجه أحمد في مسنده، كما أخرجه غيره من أصحاب الحديث.

وأبشّر بأنّه مهما تكالبت قوى الشرّ على الشام فإنّ الشام لن تسقط، قد تتأخّر في التعافي والنهوض بسبب خذلان الحكومات لها، ولكنها لن تسقط، لأنّ أنظار الشعوب المسلمة متوجّهة إليها وسيبذلون الغالي والرخيص والمهج والأرواح لنصرتها، ولأنّ العناية الربانية – رغم كل المآسي – تحفّها، وستهبّ قوافل المخلصين، وجحافل المتطوّعين للجهاد على أرضها، والتمرّغ بترابها المعطّر بدم الشهداء، فعن معاوية بن أبي سفيان قال: سمعت النبي صلى الله عليه وسلم، يقول: "لا يزال من أمتي أمّة قائمة بأمر الله، ما يضرّهم من كذّبهم ولا من خالفهم، حتى يأتي أمر الله وهم على ذلك"، فقال مالك بن يخامر، سمعت معاذاً يقول: وهم بالشأم، فقال معاوية: هذا مالك يزعم أنه سمع معاذاً يقول: وهم بالشأم[102].

وعن أبي هريرة قال: سمعت رسول الله صلى الله عليه وسلم، يقول: "إذا وقعت الملاحم خرج بعثٌ من الموالي من دمشق، هم أكرم العرب فَرَساً، وأجودُه سلاحاً، يؤيّد الله بهم الدين"[103].

لا شكّ أنّ تحوّل أرض الشام إلى مسرح للصراع العالمي، بالإضافة للانقسام المذهبي الحاصل والذي يعدّ أكبر تهديد لوحدة الأمة،

---

[102] البخاري في التوحيد، باب قول الله تعالى: {إنما قولنا لشيء إذا أردناه أن نقول له كن فيكون} [النحل: 40].

[103] الحاكم في المستدرك، وقال: هذا حديث صحيح على شرط البخاري، ولم يخرجاه. وقال الذهبي: على شرط مسلم.

بالإضافة لحاجة الأمة الشديدة إلى قائد يقودها لمواجهة هذه الهجمة وهذا الانقسام، إرهاص بقرب ظهور هذا القائد المؤيّد.

فضائل الشام

ورد في الشام فضائل كثيرة، فلذا كان لها مكانة خاصة في قلوب المسلمين، وحدود الشام تمتد من سفوح جبال طوروس جنوب تركيا إلى ما وراء خليج الإسكندرونة، ومن البحر المتوسط غرباً، إلى حدود الفرات شرقاً، وتمتد جنوباً إلى العقبة، فبلاد الشام تشمل إذن: الأردن وفلسطين وسيناء وسوريا ولبنان.

وأفضل بلاد الشام مدينة القدس وما حولها ثمّ مدينة دمشق وغوطتها، أما القدس فأفضليتها لا تخفى على أحد فهي مسرى النبي صلى الله عليه وسلم، وأولى القبلتين، وفيها ثالث الحرمين، وأما دمشق فلِما ورد فيها من أخبار تؤكّد أنّها معقل المسلمين عند الفتن، وأنّ عيسى ابن مريم عليه الصلاة والسلام ينزل فيها كما سيأتي.

فمما ورد في فضائل الشام: ما ذكره أهل التفسير عن قتادة في تفسير قول الله تعالى: {وأورثنا القوم الذين كانوا يستضعفون مشارق الأرض ومغاربها التي باركنا فيها} [الأعرف:137] قال هي أرض الشام.

وعن الحسن قال: {الأرض التي باركنا فيها} [الأنبياء:71]. هي الشام. وقيل: إنّ المقصود بقوله تعالى: {القرى التي باركنا فيها} [سبأ:18]، هي قرى الشام.

وعن أبي الدرداء عن النبي صلى الله عليه وسلم قال: "بينا أنا نائم إذ رأيت عمود الكتاب احتُمِل من تحت رأسي، فظننت أنه مذهوب

به، فأتبعته بصري، فعُمد به إلى الشام، ألا وإنّ الإيمان حين تقع الفتن بالشام"[104].

وعن ابن عمر أنّ رسول الله صلى الله عليه وسلم قال: "اللهم بارك لنا في شامنا اللهم بارك لنا في يمننا"، قالوا: وفي نجدنا, قال: "اللهم بارك لنا في شامنا اللهم بارك لنا في يمننا"، قالوا: وفي نجدنا، قال: "هنالك الزلازل والفتن وبها" أو قال: "منها يخرج قرن الشيطان"[105]. والمقصود بنجد هنا -كما قال الشراح- نجد المشرق وهو العراق، كما بيّنتْه الروايات الأخرى.

وعن زيد بن ثابت قال: قال رسول الله صلى الله عليه وسلم يوماً ونحن عنده: "طوبى للشام", قال: "إنّ ملائكة الرحمن لباسطة أجنحتها عليه"[106].

وعن أبي أمامة قال: قال رسول الله صلى الله عليه وسلم: "صفوة الله من أرضه الشام، وفيها صفوته من خلقه وعباده"[107].

وعن ابن عمر عن النبي عليه الصلاة والسلام: "ستخرج نار من حضرموت -أو من نحو حضرموت- قبل يوم القيامة، تحشر الناس". قالوا : يا رسول الله فما تأمرنا؟ فقال: "عليكم بالشام"[108].

---

[104] أحمد في مسنده.

[105] البخاري في الفتن، باب قول النبي صلى الله عليه وسلم: "الفتنة من قبل المشرق".

[106] ابن حبان. وإسناده صحيح على شرط مسلم.

[107] المعجم الكبير للطبراني.

[108] أحمد في مسنده. وهو على شرط الشيخين.

وعن عبد الله بن حوالة قال: قال رسول الله صلى الله عليه وسلم: "إنكم ستجنّدون أجناداً جنداً بالشام، وجنداً بالعراق، وجنداً باليمن"، قال: قلت: يا رسول الله خِرْ لي؟ قال: "عليك بالشام، فمن أبى فليلحَق بيَمنِه وليسْقِ من غُدَره، فإنّ الله تكفّل لي بالشام وأهله"[109] فكان أبو إدريس الخولاني إذا حدّث بهذا الحديث التفت إلى ابن عامر فقال: ومن تكفّل الله به فلا ضيعة عليه.

وعن عبد الله بن عمرو قال: قال رسول الله صلى الله عليه وسلم: "الخير عشرة أعشار، تسعة بالشام وواحد في سائر البلدان، والشر عشرة أعشار، واحد في الشام وتسعة في سائر البلدان، وإذا فسد أهل الشام فلا خير فيكم، وأومأ بيده إلى الشام"[110].

وعن النواس بن سمعان في حديث طويل وفيه: فقال رسول الله صلى الله عليه وسلم: "وعُقر دار المؤمنين الشام"[111].

وعن أبي الدرداء قال: قال رسول الله صلى الله عليه وسلم: "أهل الشام وأزواجهم وذراريهم وعبيدهم وإماؤهم إلى منتهى الجزيرة مرابطون، فمن نزل مدينة من الشام، فهو في رباط، أو ثغر من الثغور، فهو مجاهد"[112].

وعن خُرَيم بن فاتِك الأسدي أنّه سمع رسول الله صلى الله عليه وسلم يقول: "أهل الشام سوط الله في أرضه ينتقم بهم ممّن يشاء من

---

[109] الحاكم في مستدركه، وصحح إسناده، ووافقه الذهبي. "غُدَره": كصُرَد، جمع غدير، وهو الحوض. والمراد: فاختاروا بلادكم على البادية.

[110] فضائل الشام للسمعاني.

[111] ابن حبان، وهو حديث صحيح.

[112] مجمع الزوائد للهيثمي.

عباده، وحرام على منافقيهم أن يظهروا على مؤمنيهم، ولا يموتوا إلا غمّاً وحزناً"[113].

وأما ما ورد في فضل دمشق خاصة فمنه ما ذكره المفسرون عن ابن عباس في قوله تعالى: {وآويناهما إلى ربوة ذات قرار معين} [المؤمنون:50]، قال: هي دمشق.

وعن أبي أمامة عن النبي صلى الله عليه وسلم أنه تلا هذه الآية: {وآويناهما إلى ربوة ذات قرار ومعين} [المؤمنون: 50] قال: "هل تدرون أين هي؟" قالوا: الله ورسوله أعلم، قال: "هي بالشام بأرض يقال لها الغوطة، مدينة يقال لها: دمشق هي خير مدائن الشام"[114].

ومن أكبر فضائلها أنّ نبي الله عيسى ابن مريم ينزل فيها، فعن النواس بن سمعان في حديث طويل عن النبي صلى الله عليه وسلم وفيه: "فينزل عند المنارة البيضاء شرقي دمشق، بين مَهرودَتَين، واضعاً كفّيه على أجنحة ملكين، إذا طأطأ رأسه قطر، وإذا رفعه تحدّر منه جُمان كاللؤلؤ"[115].

_____

[113] مجمع الزوائد للهيثمي. قال: ورواه الطبراني وأحمد موقوفاً على خريم، ورجالها ثقات.

[114] فضائل الشام لأبي الحسن الربعي (ت:444هـ).

[115] مسلم في الفتن وأشراط الساعة، باب ذكر الدجال وصفته وما معه. ومعنى"مهرودتين": قال الإمام النووي: معناه لابس مهرودتين. أي ثوبين مصبوغين بوَرس ثم بزعفران. ومعنى "جمان كاللؤلؤ": قال الإمام النووي: الجمان حبات من الفضة تصنع على هيئة اللؤلؤ الكبار، والمراد: يتحدّر

ومن عظيم فضائلها أنّ غوطتها فسطاط المسلمين -أي: محل اجتماع جيش المسلمين- يوم الملحمة الكبرى، فعن أبي الدرداء أنه سمع النبي صلى الله عليه وسلم يقول: "يوم الملحمة الكبرى فسطاط المسلمين، بأرض يقال لها الغوطة، فيها مدينة يقال لها دمشق، خير منازل المسلمين يومئذ"[116].

ومن فضائلها أنها معقِل المسملين من الملاحم، فعن جُبَير بن نُفَير قال: حدثنا أصحاب محمد صلى الله عليه وسلم، أنّ رسول الله صلى الله عليه وسلم قال: "ستُفتح عليكم الشام، فإذا خُيّرتم المنازل فيها، فعليكم بمدينة يقال لها: دمشق، فإنّها معقل المسلمين من الملاحم، وفسطاطها منها بأرض يقال لها: الغوطة"[117].

وعن أبي هريرة قال: سمعت رسول الله صلى الله عليه وسلم يقول: "إذا وقعت الملاحم خرج بعثٌ من الموالي من دمشق، هم أكرم العرب فَرَساً، وأجودُه سلاحاً، يؤيّد الله بهم الدين".

إضافة لهذه الخصوصية والفضائل الدينية للشام، فهي تتمع بمزايا أخرى عديدة، كوحدتها الجغرافية والمناخية، وما أودع الله تعالى فيها من خيرات وعوامل القوة والصمود، فهي قلب العالم العربي والإسلامي، وهي موطن الحضارات على مدى التاريخ، فدمشق من أقدم مدن العالم، وتمتلك الشام خيرات كثيرة، فماؤها كثير، ومطرها

منه الماء على هيئة اللؤلؤ في صفائه، فسمّى الماء جماناً لشبهه به في الصفاء.

[116] الحاكم في مستدركه وقال: هذا حديث صحيح الإسناد، ولم يخرجاه. ووافقه الذهبي.

[117] حديث صحيح أخرجه الإمام أحمد في مسنده.

غزير، وزرعها وفير، واجتمع فيها البرّ والبحرّ، والمطر والنهر، والسهل والوعر، والجبال والوديان، طبيعة غنّاء، وأرض غنية سخّاء، وشعب كريم معطاء.

الشام بؤرة الصراع العالمي

كلّ تلك المزايا جعلت الشام بعد الفتح الإسلامي محطّ أنظار الأعداء، وجرت محاولات عديدة للسيطرة عليها وإخضاعها، وبلغت أوجها في الحملات الصليبية المتكررة عليها، وتجدّدت الهجمة الصليبية على الشام بعد أن دبّ الضعف في جسم الخلافة العثمانية، فتمخّضت عن التعاون الصهيوني الصليبي في إسقاط الخلافة نهائياً، وتمزيق الأمة الإسلامية وتقسيم المنطقة العربية إلى دول متعددة، وإمعاناً في إضعاف هذه المنطقة والمحافظة على إبقائها منقسمة ممزقة والاطمئنان إلى عدم توحدها، عملوا على إقامة وطن لليهود فيها، كما بيّنتُ في فصل سابق، وعمدوا إلى زرع إسرائيل في فلسطين قلب الشام، ليُفتّتوا وحدتها الجغرافية والاجتماعية والدينية، ويُفشلوا ويجهضوا كلّ محاولات النهوض، فهذه المنطقة كانت ولا تزال مرشّحة لقيادة العالم، ولا أبالغ في ذلك، فهذا معروف عند أهله، ووحدتها هي مفتاح نهضتها، ولا يمكن بحال من الأحوال أن تنهض هذه البلاد بدون اتحادها، فلذا فإنّ ما شاهدناه من دعم لإسرائيل منذ قيامها إلى اليوم بكل الوسائل، والسكوت عن كلّ جرائمها الإنسانية، والتغاضي عن قضمها لمزيد من الأراضي في حروب متتابعة، ثم التغاضي عن بناء المستوطنات بشكل غير مسبوق، إضافة إلى ما نراه اليوم من تخاذل العالم عن نصرة الشعب السوري ووقوفه إلى جانب جلاديه الطغاة، وإثارته للنزاع الطائفي، ودعمه للتدخل الفارسي بالسكوت على ما يجري من تدخل ميليشيات تابعة لإيران والعراق

ولبنان وغيرهما، إنما ناتج عن خوف الصهيونية العالمية من نهوض الشام، فإن نهضت سوريا نهضت فلسطين، وإن نهضت فلسطين نهضت سوريا، وإنّ تحرير فلسطين يبدأ من تحرير سوريا واستعادتها لقرارها، ففلسطين وسوريا بلد واحد ومصير واحد، وتحريرهما ونهوضهما يعني نهوض الشام كله والمنطقة العربية بأسرها.

لذلك فإنّ الأحداث الجارية اليوم في الشام عموماً وسوريا خصوصاً مرشّحة للانفجار أكثر فأكثر، فإنّ الشباب المسلم من أقصى خراسان (أفغانستان) في الشرق، إلى الأطلسي في الغرب، سيتقاطرون مع دوام هذا الحال من كل اتجاه لينالوا شرف الجهاد على ربوع الشام، والدفاع عن أرض الرباط ليكونوا من الطائفة المنصورة التي تحدّث عنها النبي صلى الله عليه وسلم فيما رواه عنه أبو هريرة قال: "لا تزال عصابة من أمتي يقاتلون على أبواب دمشق وما حوله، وعلى أبواب بيت المقدس وما حوله، لا يضرّهم خذلان من خذلهم، ظاهرين على الحق إلى أن تقوم الساعة"[118].

على أرض الشام المباركة اندحرت الحملات الصلابية على يد صلاح الدين الأيوبي، وعلى أرض الشام اندحرت موجات المغول والتتار في عين جالوت، وعلى أرض الشام اندحر نابليون وخاب مسعاه في اجتياح الشرق، وعلى أرض الشام في القدس تكون آخر خلافة مسلمة على وجه الأرض، فعن عبد الله بن حوالة الأزدي – رضي الله عنه– قال: وضع رسول الله صلى الله عليه وسلم يده على رأسي أو على هامتي، ثم قال: "يا ابن حوالة! إذا رأيت الخلافة قد نزلت الأرض المقدسة؛ فقد دنت الزلازل والبلابل والأمور العظام،

---

[118] مجمع الزوائد للهثمي، وقال: رواه أبو يعلى، ورجاله ثقات.

91

والساعة يومئذ أقرب إلى الناس من يدي هذه إلى رأسك"[119]، وعلى أرض الشام سيندحر الغزاة الجدد الذين يتظاهرون على المؤمنين اليوم، وسيُهزم الغزاة القادمون مع الدجال الأكبر، ليُقتلوا مع قائدهم الأعور.

سيتوافد المسلمون من كل صقع توقاً للشهادة على أرض الشام، وتشير معاهد الدراسات أنّ ما لايقلّ عن عشرة آلاف مجاهد من ستين دولة يقاتلون في الشام[120]، وأنّ مئات الجيوب المسلحة والكتائب الإسلامية منتشرة من اللاذقية على ساحل المتوسط إلى الأنبار في العراق، وها هي إيران وحلفاؤها يدفعون برجالهم للدفاع عن مشروعهم، ولدعم امتدادهم إلى باقي البلاد العربية بعد أن دانت لهم العراق ولبنان، لقد أصحبت سوريا كما صرّح الرئيس التركي عبد الله غول "إنها أفغانستان على شواطئ البحر المتوسط"، لذا سيستحرّ القتل وسيتفاقم الدمار على أرض سوريا، وسيستمرّ العالم بخذلان الشعب السوري والوقوف موقف المتفرّج ليدع ما يسمّيه الحركات المتطرّفة تصفّي بعضها بعضاً، ويمنع المجاهدين من تحقيق أي انتصار –حسب ما يأمل– ومع الوقت سيخرج النزاع عن السيطرة، وسيطال شرره كثيراً من الدول وفي مقدمتها دول الجوار، وستتحرّك خلايا طائفية نائمة في بعض البلاد العربية مدعومة من إيران والعراق وحزب الله والحوثيين، وربما تجد بعض الدول نفسها مضطرة للتحرك للحفاظ على أمنها وسيادتها، وستكون إسرائيل في لبّ هذا

---

119 الحاكم في المستدرك، وقال: صحيح الإسناد ولم يخرجاه، ووافقه الذهبي.

120 هذا التقرير في الشهر العاشر من عام (2013م).

النزاع، لأنها اللاعب الأكبر من وراء ستار في كل هذه الأحداث، وتسعى للسيطرة على العالم العربي ومن بعده التحكم في قرار العالم الإسلامي، وهي تعمل بمساعدة الغرب بكل مكر ودهاء لتأجيج الصراع وتحويل النزاع إلى حرب طاحنة بين دول المنطقة من أجل المصالح، وستَقسط خلال هذه الفترة كلّ الشعارات غير الإسلامية وستتزايد الكتائب والألوية والجهاديون على أرض الشام عدداً وعتاداً يوماً بعد يوم، فعن عبد الله بن عمرو قال: "يأتي على الناس زمان لا يبقى فيه مؤمن إلا لحق بالشام"[121]. وستظهر رايات متعددة وانقسامات حادة، واختلافات منهجية.

إن بقي العالم صامتاً متفرّجاً وخاصة العالم العربي فسيطبق الشرّ على الجميع مع مرور الوقت، وسيأتي الحساب العسير من رب العالمين، لكلّ من قدر على النصرة ولم يفعل، ولكلّ من بإمكانه أن يوقف الظلم ولم يتحرّك، وعندها سنكون أمام حروب ودمار واقتتال، وكرّ وفرّ، وهرج ومرج، ومجازر وملاحم، ودماء وأشلاء، حتى يتمنى المرء الموت فلا يجده، فعن أبي هريرة عن النبي صلى الله عليه وسلم، قال: "لا تقوم الساعة حتى يمرّ الرجل بقبر الرجل فيقول: يا ليتني مكانه"[122]، وستستمرّ النزاعات سنوات ربما تجرّ الدول إلى حرب كونية، كما جرّت أحداث بسيطة في البلقان العالم

---

[121] رواه الحاكم في المستدرك، وقال: صحيح على شرط الشيخين ولم يخرجاه، ووافقه الذهبي.

[122] البخاري في الفتن، باب: لا تقوم الساعة حتى يُغبَط أهل القبور. ومسلم في الفتن وأشراط الساعة، باب لا تقوم الساعة حتى يمر الرجل بقبر الرجل.

إلى الحرب العالمية الأولى في وقت لم يكن أحد يتوقع ذلك، وستكون الحرب الثانية أمام الحرب الثالثة إذا نشبت بمثابة لعب أطفال، عقوبة من الله تعالى للساكتين عن الظلم والمشاركين فيه، وعقوبة لقوى الشرّ العالمي على تجبّره وعتوّه وهيمنته الظالمة، علاوة على ما هو فيه من الانحلال والإباحية والانفلات من كل القيم الأخلاقية والإنسانية الأرضية والسماوية[123].

إن تحوّل الشام اليوم لمسرح عمليات للصراع العالمي، والاحتمال الكبير بتفاقم هذا الصراع واحتدامه، لهو من أكبر الإرهاصات على أننا قاب قوسين أو أدنى من الملحمة الكبرى.

---

[123] كتب هذا البحث قبل تسعة أشهر ولم تكن المشكلة الأوكرانية قائمة، وإنّ ما يحدث اليوم بين روسيا وأوكرانيا ليؤكد ما قلته هنا، وينذر باندلاع نزاع خطير على مستوى العالم لا يسلم منه أحد.

الأحلاس والدُّهَيماء

بينت في الفصول السابقة الإرهاصات التي تجعل المتأمّل يقطع بأنّ الأمة تنتظر أحداثاً عظيمة توطئ لعلامات الساعة الكبرى، وحتى يستجمع القارئ هذه الإشارات سألخّصها في العناوين التالية:

- قيام دولة إسرائيل على أرض الشام وتجمّع اليهود في بقعة محددة من الأرض.
- ابتعاد المسلمين عن المنهج الإسلامي الصحيح، وانجرارهم إلى الحفر والشباك التي نصبها لهم أعداؤهم، ممّا جرّ الأمة إلى ويلات وكوارث مفجعة.
- انتشار الفسوق والكبائر على نطاق واسع مجاهرة وبتحدّ، وتخلّي الأمة بمجموعها عن واجب الأمر بالمعروف والنهي عن المنكر، يؤذن بعواقب وخيمة أكبر مما نحن فيه.
- عموم الظلم والجور بسبب فساد بعض الحكام وتجاهلهم المصالح العامة حفاظاً على كراسيهم.
- الثورات العربية والمخاض العسير الذي تعيشه البلاد، وانتشار الفوضى في بعض البلاد في غمرة هذا المخاض.
- تفجّر الصراعات العرقية والمذهبية بشكل خطير جداً، بالإضافة إلى أطماع العالم ببلاد الشام.

- عودة روح الجهاد للأمة من جديد، وظهور حركات جهادية منظمة ومتدربة ومتمرّسة، لا ترضى بالسكوت على ضيم العدو وتسلّطه.

- حتميّة زوال إسرائيل من الوجود يؤذن بحروب قادمة.

- تداعي الغرب والشرق ضدّ المسلمين، نصرة لليهود وحفاظاً على إسرائيل من الزوال.

إنّ هذه الإشارات هي إرهاصات واضحة لأحداث كبيرة ستعصف بالأمة العربية والإسلامية قبل أن تولد ولادة جديدة، فالتغيير الجذري في الأمم لا يتحقّق بين عشيّة وضحاها، ولا بالأمنيات والأحلام، بل يرافق التغيير عادة عمل دؤوب يستلزم تغيير النفوس والأفكار والتصورات والعادات والسلوكيات، واقتلاع أسباب الفشل والتخلّف من جذورها، وهذا يعني صراعاً حتمياً بين الحق والباطل، بين أنصار التغيير وأعدائه، بين جيلٍ متحفّز حالمٍ وجيلٍ مستكين شبه ميت، ستتشابك المصالح وتتضادّ الأهواء، وسيستعر الخلاف ويتفاقم إلى أقصى درجاته وأعلى حدّته، وستكون نتيجة لذلك آلام وتضحيات، وعثرات وإخفاقات، وأشواك وعقبات، وصدّ وجذب، وأخذ وردّ، وشدّ ومدّ، وقد يطول الأمر أو يقصر، ولكن لا بدّ من دفع الثمن، ثمن التغيير، ثمن النجاح، ثمن استعادة الذات واستفاقة الروح، ثمن انتصار الحقّ وهزيمة الباطل، ثمن عودة الأمة.

إنّ تحفّز الأمة الكبير واندفاعها الملحوظ لتغيير واقعها المزري واستلام زمام المبادرة للخروج من حالة الذلّ والضياع والخضوع للغرب والشرق، مع استنفار قوى الشرّ العالمي لوأد هذا التحفّز وصدّ

هذا الاندفاع جعل المنطقة كقِدْر على مرجل، فالمؤامرات والخطط الغربية والصهيونية تُحدّث وتُجدّد كل يوم، تزرع بيننا بذور الخلاف والشقاق، وتُذكي الصراعات وتُنمي الخلافات، تؤيد طرفاً على حساب طرف، ثمّ تقلب ظهر المجنّ فتخذل من نصرَتْ وتؤيد من خذَلتْ، تلعب على الحبال كلها لتوقع بين أبناء البلد الواحد، وبين أبناء الدين الواحد، تستخدم معاول هدم متجددة ومبتكرة، قد يغفل عنها السذّج والرعاع فيكونون هم الأدوات بأيدي تلك الشياطين الهدّامة وقوى الشرّ الماكرة، لكنّ الشعوب من خلال أحداث الربيع العربي بدأت تلمح الشرّ المستطير الذي يتربّص بها من جرّاء تكالب العالم كله على وأد صوت الأمة الهادر، وبدأت تحسّ بمصيرها المشؤوم إن هي استسلمت أو تراخت وأذعنت، فتداعَى أبناؤها البررة النشامى، أبطال الرحى وأسود الوغى، عشّاق البذل والتضحيات، وأحباب الجنان والاستشهاد، للنزال وعراك الغزاة الجدد، وها هو ذا خطّ الجهاد الإسلامي يتنامى يوماً بعد يوم، وهاؤم الرجال ذووا الضمائر المخلصة والقلوب المؤمنة والأنفس الزكية والعقول الراشدة والجباه الساجدة، يتنادون للتكاتف والتعاضد والتحالف والتآزر والتآلف والتلاحم، فبلادنا اليوم بين عدوّ متربّص عازم على كسر عزيمة الأمة وإفشال مشروعها النهضوي التحرري، وبين طائفة مخلصة متحرّقة، مصمّمة على نهضة الأمة وعودة مجدها وعزّها، ومستعدّة للتضحية بالأنفس والأموال والأولاد والأزواج في سبيل هذا الهدف.

والسؤال الذي يفرض نفسه بداهة وبكلّ قوة: كيف ستسير الأحداث وإلى أين ستتجه المنطقة مع هاتين الإرادتين المتناحرتين المتصارعتين؟

والجواب يمكن أن نستخلصه من خلال ما جرى ويجري على أرض الواقع اليوم مستنيرين بما لدينا من أخبار صالحة للاستشهاد عن الأحداث التي تسبق ظهور المهدي، ومحصّلة هذا الجواب أنّ أعداءنا يبذلون كلّ ما في وسعهم لإذكاء النزاعات في المنطقة بين أكثر من طرف ولأكثر من سبب، والنزاع الأخطر والمرشّح ليكون هو الأداة الفعالة للكيد بهذه الأمة هو النزاع الطائفي وخاصة بين السنة والشيعة مع المشروع الصفوي الذي بدأ يظهر للعلن دون استحياء، مما يُخشى منه انجرار دول المنطقة للتدخل في هذه النزاعات حفاظاً على أمنها ومصالحها، فبعد دخول إيران وميليشيات من العراق ولبنان واليمن وغيرها في الصراع ضدّ السنة صراحة وبكل قوة بل وبتحدّ واستفزاز سافر، لا يستبعد أبداً أن تنجرّ بعض دول الجوار والمنطقة رغم أنفها إلى هذا النزاع، وخاصة إذا تمادت الأطراف الأخرى في هذا التدخلّ وحاولت توسيع المعركة ونقلها إلى مناطق أخرى، مما سيكون سبباً في اشتعال حرب تدخل فيها إسرائيل وبعض الدول الكبرى، وإن حصل ذلك وهو المرجّح فستكون المنطقة والعالم كله في قلب العاصفة وستحدث تغيرات كثيرة وبلابل وانقسامات وتصدعات لا يمكن التنبؤ بتفاصيلها إلا أنّه من المؤكّد أنها ستحرق الجميع.

إنّه من خلال التأمّل فإنني أزعم أننا نعيش منذ أكثر من عقد فتنة الأحلاس وهي ما أخبر عنه عبد الله بن عمر ─رضي الله عنهما─

قال: كنا عند رسول الله صلى الله عليه وسلم قعوداً، فذكر الفتن، فأكثر في ذكرها حتى ذكر فتنة الأحلاس، فقال قائل: يا رسول الله، وما فتنة الأحلاس؟ قال: "هي فتنة هَرَبٍ وحَرَب. ثم فتنة السرّاء، دخَلُها أو دخَنُها من تحت قدمَيْ رجل من أهل بيتي، يزعم أنه منّي، وليس منّي، إنّما وليّي المتقون، ثم يصطلح الناس على رجل كوَرِكٍ على ضِلَع. ثم فتنة الدُّهَيماء لا تدع أحداً من هذه الأمة إلا لطمته لطمة، فإذا قيل: انقطعت تمادّت، يصبح الرجل فيها مؤمناً ويمسي كافراً، حتى يصير الناس إلى فُسطاطَين، فُسطاط إيمان لا نفاق فيه، وفُسطاط نفاق لا إيمان فيه، إذا كان ذاكم فانتظروا الدجّال من اليوم أو غد"[124].

فتنة الأحلاس هذه بدأت – والله أعلم، مع تجاوزنا ما يحدث في بلاد المسلمين غير العربية– باحتلال العراق وما خلّفته من دمار وخراب، وما أعقب ذلك من فوضى عّمت البلاد، وما خلّفته من هرَبٍ وحَرَب، نهبٍ للأموال وقتل للأنفس وهروب الناس من بعضهم، فالناس في العراق لا يأمن فيه الواحد على نفسه ولا على ماله ولا على أهله، وهذا مستمرّ إلى اليوم، يزيد وينقص ولكنه لا يتوقف، ثم توسعت الفتنة فدخلت سوريا واليمن وليبيا ومصر، بنسب متفاوتة، أشدّها في أرض الشام، وكلّما تفاءلت الأمة بقرب انجلاء هذه الغمّة إذ بشررها يزداد تطايراً، وبنارها تزداد تمدّداً، فاليمن يُلاحق فيها الإسلاميون السنّة بالطائرات من غير طيار بحجة ملاحقة الإرهابيين، والحوثيون

---

[124] تمّ تخريجه والكلام فيه سابقاً.

الموالون لإيران يفتعلون المشاكل ويُنشبون المعارك ضدّ أهل السنّة ولا يتورعون عن القتل والنهب، وهذه مصر تعاظمت فيها الفتنة وانقسم أهلها إلى فئات بين منعزل يرقب ما يحدث لا يدري ما يفعل، وبين متعصّب لفكرته ورأيه يتناحر مع من يخالفه، فسفكت دماء معصومة، وأزهقت أرواح بريئة، ولا يعلم أحد أين سينتهي بهم هذا التناحر، وأخشى أن يؤول أمر مصر وأهلها إلى ما آل إليه أمر العراق والشام، وهو ما أشار إليه حديث مسلم المتقدم في فصل سابق عن أبي هريرة، قال: قال رسول الله صلى الله عليه وسلم: "مَنَعت العراق درهمَها وقفيزها، ومَنَعت الشأم مُدْيَها ودينارها، ومَنَعت مصر إردبّها ودينارها، وعدتم من حيث بدأتم، وعدتم من حيث بدأتم، وعدتم من حيث بدأتم" شهد على ذلك لحم أبي هريرة ودمه. فهذا يعني أنّ الفتنة فيها ستكبر لدرجة الحصار، أو الاستعصاء الذي لا يتمكن الناس فيه حتى من زراعة أرضهم وحصد غلالهم، كما حدث ويحدث في العراق والشام. وأيضاً هذه ليبيا وما أدراك ما يحدث فيها من أحداث، تسخن وتبرد، وتهيج وتسكن، فحتى تونس لم يستقرّ أهلها على أمر واحد بعد رغم كل الإنجازات، مما يرجّح عبث أياد خفيّة لا تريد لأي من بلادنا أن تهدأ، وما ندري ماذا ينتظر باقي بلدان المنطقة من هذه الفتنة التي تشير الأحداث أنها آخذة في التمدد، فطالما أنّ سياسات معظم الحكومات ضدّ الربيع العربي وضدّ الحراك التحرّري، فإنّ المرجّح أنّ الفتنة ستدوم طويلاً كما هو ظاهر من تسميتها "الأحلاس"، وهي واحدة من الفتن التي وردت في حديث أبي موسى الأشعري عن رسول الله صلى الله عليه وسلم: "إنّ بين أيديكم فتناً كقطع الليل المظلم، يصبح الرجل فيها مؤمناً ويمسي

كافراً، القاعد فيها خير من القائم، والقائم فيها خير من الماشي، والماشي فيها خير من الساعي"، قالوا: فما تأمرنا؟ قال: "كونوا أحلاس بيوتكم"[125].

وعن أبي بردة قال: دخلت على محمد بن مسلمة فقال: إنّ رسول الله صلى الله عليه وسلم قال: "إنها ستكون فتنة وفرقة واختلاف، فإذا كان ذلك فأت بسيفك أُحُداً، فاضربه حتى ينقطع، ثم اجلس في بيتك حتى تأتيك يد خاطئة، أو منّية قاضية"[126]. يأمره بكسر سيفه حقيقة ليسدّ على نفسه باب القتال، أو هو كناية عن ترك القتال زمن الفتن، وذلك عندما يعمّ النهب والسلب وسفك الدماء وعجز المرء عن دفع ذلك أو التخفيف منه، بسبب غياب الأمن وتفرّق الأمة وتشرذمها شذر مذر، وأستثني من هذا ما كان جهاداً خالصاً ضدّ عدوّ ظاهر، أو صائل مجرم، كما يحدث في الشام، فإنّ أوجب الواجبات اليوم دفع شرّ شيعة الفرس ومن والاهم بكل سبيل على الأمة كلّها الأقرب فالأقرب.

عن عمرو بن شعيب عن أبيه عن جده عن النبي صلى الله عليه وسلم أنه قال: "يأتي على الناس زمان يُغربَلون فيه غربلة، يبقى منهم حُثالة، قد مرجت عهودهم وأماناتهم، واختلفوا فكانوا هكذا" وشبّك بين أصابعه، قالوا: يا رسول الله، فما المَخرَج من ذلك؟ قال: "تأخذون ما تعرفون، وتدَعون ما تنكرون، وتُقبِلون على أمر خاصّتكم، وتدَعون أمر عامّتكم"[127].

---

[125] حديث صحيح أخرجه أبو داود في سننه (4262).

[126] حديث صحيح أخرجه ابن ماجه في سننه (3962).

[127] حديث صحيح أخرجه أحمد في المسند.

ثم عقب هذه الفتنة ستظهر فتنة أخرى سمّاها النبي صلى الله عليه وسلم "السرّاء" إمّا لأنّ فيها فرج وفرح وسرور فيُفتن الناس بنعيمها وسرورها، فيعودون لسابق عهدهم من الغفلة عن الله، والانغماس فيما لا يرضيه، وإما لأنها فتنة تسرّ العدوّ لما يكون فيها من أذى وضرر على أهل الإسلام، وهو الذي أميل إليه، لأنّ سببها والذي يسعى في إثارتها أو يملك أمرها رجلٌ ينتهي نسبه إلى بيت النبوّة، ويدّعي الصلاح "يزعم أنه مني" أي في الفعل، ليستغلّ محبة الناس لنبيهم وآل بيته فيستميلهم إليه، وهو في الحقيقة فاسقٌ مارق يتبرأ منه ومن أفعاله النبي عليه الصلاة والسلام بقوله: "وليس مني" أي من أخلاقي أو من أهلي في الفعل، لأنه لو كان من أهلي لم يهيّج الفتنة. وهذا نظيره: قوله تعالى: (إنه ليس من أهلك إنه عمل غير صالح) [هود:46].

وسيحكم مدة من الزمن، بعدها يجتمع أمر الناس على انتخاب رجل يقودهم، فيكون ضعيفاً غير أهل للحكم ولا يصلح لهذا المنصب في تلك الفترة فلا يدوم في الحكم أكثر من سنتين لعجزه عن حمل الأمانة وضبط الأمور، حسب ما ورد في أثر ضعيف عن عمار بن ياسر قال: "ومات خليفتكم الذي يجمع الأموال" صاحب فتنة السرّاء, ولعله شيعي يجمع المال بحجة الخمس، أو يجمعها باسم الضرائب بالتسلط والقهر، ثمّ قال: "ويستخلف من بعده رجل ضعيف, فيُخلع بعد سنتين" فكأنه الذي وصف في الحديث السابق "كوَرِك على ضِلَع", وبسقوطه تظهر الحروب في الأرض، وويل وقتها للعرب من شرّ قد اقترب، إذ تعصف بالأمّة المسلمة فتنة "دُهَيماء" تصغير "دهماء" أي: سوداء مظلمة، والتصغير هنا للتعظيم والتهويل من

أمرها، لا تدع من شدّتها وهولها وشمولها أحداً من العرب ولا بيتاً من بيوتاتهم إلا أصابته إما في دينه، أو نفسه، أو أهله، أو ماله، أو شيءٍ من مصالحه، فلا يَسلم منها أحد، فهي فتنة في الدين والدنيا، وهي الفتنة التي أشار إليها حديث عوف بن مالك رضي الله عنه "ثم فتنة لا يبقى بيت من العرب إلا دخلته"[128] وتصيب الناس في دينهم بحسب إيمانهم، فيبدو –والله أعلم– أنّها من شدّتها واتساعها وطول زمنها وعلوّ الفجّار فيها، يصيب الناس يأس من رحمة الله وفرجه، ويدخل الشكّ بعدل الله الواحد الأحد قلوبَ ضعاف الإيمان، فلا يتحمّلون هذا الابتلاء، فهم ما بين شكّ وريبة من وعد الله بنصر المؤمنين، وتوبة واستغفار وعودة إلى الله مما وقعوا فيه من القنوط واليأس وسوء الظنّ بالله تعالى، والعياذ بالله.

في هذه المعمعة ستسقط زعامات، وتختفي رموز، وتقسّم دول، وتتمايز الناس، وسترتفع رايات كثيرة كلها تريد الشام، تدخلها تحت مسمّيات وغايات مختلفة، تتصارع على أرض الشام، فهذه رايات سود من قبل خراسان[129]، وتلك رايات صفر من قبل لبنان، وأخرى عصائب شيعة العراق، ورابعة من حوثيي اليمن[130]، وخامسة من

---

[128] البخاري في الجزية، باب ما يحذر من الغدر. "بني الأصفر": هم الروم، وهم بعرفنا اليوم: الغرب.

[129] خراسان هي البلاد الواقعة شرقي العراق، وتعدّ أفغانستان قلب خراسان، وإيران أولها.

[130] أورد الإمام نعيم بن حماد في كتابه (الفتن) أثاراً كثيرة كلها ضعيفة تشير إلى تعدد الرايات التي تجتمع بالشام منها: "إذا دخل الرايات الصفر

شيعة باكستان، وسادسة من شذّاذ الآفاق، وسابعة . . . وثامنة!! ويزداد البلاء ويعظُم الأمر على أهل الشام، حتى يظهر من عمق دمشق رجل قرشي من ولد أبي سفيان، شديد البأس يُدعى "السفياني"، فعن أبي هريرة -رضي الله عنه- قال: قال رسول الله صلى الله عليه وسلم: "يخرج رجل يقال له: السفياني في عمق دمشق، وعامة من يتبعه من كلب (قبيلة)، فيَقتُل الصبيان، ويبقر بطون النساء، فتجمع لهم قيس (قبيلة) فيقتلها حتى لا يُمنع ذنَب تَلْعة"[131] يقاتل كلّ تلك الرايات حتى يُخضع الشام لنفوذه وسلطانه

مصر فغلبوا عليها وقعدوا على منبرها فليحفر أهل الشام أسراباً في الأرض فإنه البلاء".

ومنها: "إذا بلغت الرايات الصفر مصر فاهرب في الأرض جهدك هرباً، فإذا بلغك أنهم نزلوا الشام وهي السرّة فإن استطعت أن تلتمس سلّماً في السماء أو نفقاً في الأرض فافعل".

ومنها: "إذا ظهر السفياني على الأبقع والمنصور اليماني، خرج الترك والروم فظهر عليهم السفياني". الترك والروم: إشارة إلى (الناتو) اليوم.

وبغض النظر عن هذه الأخبار الضعيفة، فإنّ الواقع يحكي توافد مجموعات كثيرة تحت رايات ومسميات شتى للقتال في الشام، ولكلٍ أهدافه ومآربه.

[131] الحاكم في المستدرك وقال: هذا حديث صحيح الإسناد على شرط الشيخين. وأقرّه الذهبي. قوله: "حتى لا يمنعوا ذنب تلعة": الذنب -بفتحتين- الأسفل، والتلعة -بفتح فسكون- مسيل الماء من أعلى إلى أسفل، وأذناب المسايل: أسافل الأودية، والمراد: وصفهم بالذل والضعف، وأنهم يصيرون بحيث لا يقدرون على منع أحد من أسفل واد من أوديتهم، والله تعالى أعلم.

بالقوة والبطش، فيخرّب المدارس والمساجد، ويُظهر الظلم والجور والفساد، ويستبيح سفك الدماء المحرّمة، ثم يدخل بغداد والكوفة ويخضعهما، ويعرِك العراقَ عرك الأديم، وتأتي رايات من إيران لتنصر أهل الكوفة فلا تقدر عليه، فيقوم حاكم جبّار في مصر ويأتي الشام ليقاتله فينهزم، فيفتّ مصر فتّ البعرة[132]، فيتحالف الترك مع الغرب لقتاله فيغزونه ويدخلون الجزيرة في الشام[133]، خلال هذه الأحداث وفي سنة كثيرة الزلازل يجفّ نهر الفرات، إما بتدخل من تركيا، حيث يتمّ حبس مياه النهر بالسدود، وهي كثيرة في تركيا، وما هو قيد الانشاء فيها يعدّ من أكبر السدود في العالم، أو بسبب قصف جوي أو صاروخي لسدّ الفرات نتيجة الحروب، أو بسبب عمل تخريبي إرهابي مع استفحال الفوضى والنزاعات، مما يؤدّي إلى إغراق المنطقة واضطرار تركيا لحبس المياه وراء سدودها، أو بأمر آخر كالزلازل، حيث ورد أنّ الزلازل تكثر سنة ظهور المهدي، فينحسر الفرات عن جبل من ذهب، وهو ما جاء في الحديث الصحيح عن أبي هريرة أنّ رسول الله صلي الله عليه وسلم قال: "لا

---

[132] عن كعب قال: "ليوشكنّ العراق يعرك عرك الأديم، ويشق الشام شقّ الشعر، وتفتّ مصر فتّ البعرة، فعندها ينزل الأمر". نعيم بن حماد في الفتن. ضعيف.

[133] أخرج نعيم بن حماد في الفتن عن أرطاة قال: "إذا خسف بقرية من قرى دمشق (حرستا)، وسقطت طائفة من غربي مسجدها (المسجد الأموي)، فعند ذلك تجتمع الترك والروم يقاتلون جميعاً، وترفع ثلاث رايات بالشام، ثم يقاتلهم السفياني حتى يبلغ بهم قرقيسيا (قريب دير الزور)". ضعيف. وأورد آثاراً أخرى عن نزول الترك في جزيرة الشام.

تقوم الساعة حتى يحسِر الفرات عن جبل من ذهب، يقتتل الناس عليه، فيُقتل من كل مائة تسعة وتسعون، ويقول كل رجل منهم: أكون أنا الذي أنجو". وليس هذا الذي يظهر إلا الذهب لا شيء غيره، ففي رواية للبخاري: "عن كنز من ذهب"، فليس هو البترول كما يظنّ البعض، لأسباب، منها: أنّ البترول لم يكن يسمّى ذهباً، وتسميته ذهباً تسمية طارئة، وأنه يكون في باطن الأرض بينما الحديث ينصّ على أنّ النهر ينحسر عن جبل، ومنها: أنّ شركات البحث والتنقيب بما لديها من تقنيات عالية في ذلك لم تفد بوجوده في قعر الفرات في الوقت الذي اكتشفته في قعر البحار، ومن الأسباب أيضاً: أنّ الحديث الآخر دلّ على جفاف المياه وقت هذه الفتن ومنها الفرات، فعن عبد الله بن مسعود –رضي الله عنه– أنه قال: "يوشك أن تطلبوا في قراكم هذه طستًا من ماء فلا تجدونه، ينزوي كل ماء إلى عنصره، فيكون في الشام بقية المؤمنين والماء"[134].

فإذا حدث ذلك ظهر المهدي من سنته حسبما جاء عن كعب قال: "إذا كانت رجفتان في شهر رمضان انتدب لها ثلاثة نفر من أهل بيت واحد، أحدهم يطلبها بالجبروت، والآخر يطلبها بالنسك والسكينة والوقار، والثالث يطلبها بالقتل واسمه "عبد الله"، ويكون بناحية الفرات مجتمَع عظيم، يقتتلون على المال، يقتل من كل تسعة سبعة"[135].

مع اشتداد هذه الفتن وتفاقمها، ووصول الناس إلى أعلى درجات اليأس والقنوط، وفقدانهم الأمل بظهور القائد المنقذ الذي يتطلّعون

---

[134] رواه الحاكم في المستدرك، وقال: صحيح الإسناد. وأقرّه الذهبي.
[135] نعيم بن حماد في الفتن.

إليه وينتظرون ظهوره، يأذن الله عز وجلّ بانزياح الكربات وكشف الغمّات، وارتفاع الظلم والجور، فيهيّء الأسباب في البلد الحرام لرجل من سلالة النبوة كي يعبر بالأمة محنتها إلى النصر المبين، والغلبة والتمكين.

فتن الحجاز ومبايعة المهدي

ففي الوقت الذي تموج به أرض الشام وما حولها بالحروب وسفك الدماء، والانقسام والتفتّت، ثم تسلّط "السفياني" على رقاب الناس بالظلم والقهر واستباحة الدماء والأعراض، ليجمع الرايات المتعددة بقهره وبطشه تحت رايته، ويعيد الدويلات التي تظهر قبله فيوحّدها بجبروته وغلبته لتكون معظم بلاد الشام وجزء من العراق في قبضته، سيكون للجزيرة العربية نصيب كبير من تلك الفتن والأحداث الدامية، فأطماع الصهيونية العالمية في الثروات الطبيعية لهذه البلاد ولكنوزها وخيراتها معلومة، فكميات البترول والغاز التي أكرم الله بها هذه المنطقة جعلتها تحت أنظار القوى الأكبر في العالم، إضافة لموقعها الجغرافي المميّز والمكانة الدينية الخاصة لبلاد الحرمين وقداستها، حيث أفئدة المسلمين في العالم تحنّ وتهفو إليها، فلا بدّ أن تكون في الأوقات العصيبة هي الرائد، وفي الحوالك والظلم هي المرشد والقائد، كونها مهد الإسلام ومنبع النور ومنطلق تاريخ الأمة.
ومع ما تشهده المنطقة من تجييش طائفي تكلمتُ عنه مفصلاً في فصل سابق، نرى ونلحظ تتابع السهام المسمومة الموجّهة لهذه البلاد، ويستشفّ المرء -من خلال تتبعه- الحجم الكبير للدسائس الظاهرة للنيل منها، فالغرب أصبح لا يخفي مخططاته التقسيمية والمعادية لهذه البلاد، بل تتبجّح كبريات الصحف الغربية بين وقت وآخر بنشر الخرائط الجغرافية للحدود الجديدة للجزيرة العربية والمنطقة العربية كلها بعد التقسيم والتفتيت الذي يسعون لتحقيقه

لترسيخ نظام الشرق الأوسط الجديد الذي يروّجون له[136]، فتحرّك الحوثيين على الحدود الجنوبية للجزيرة العربية، والشيعة في الحدود الشرقية وخاصة في مملكة البحرين ليس حدثاً عابراً ولا عرضياً، بل يصبّ في خانة زعزعة أمن منطقة الخليج، وتوظيف الأحداث في مراحل لاحقة.

قبل ظهور المهدي بفترة وجيزة، وبالضبط في فترة خروج "السفياني" في الشام – فولاية السفياني لا تدوم طويلاً– تكون القلاقل والنزاعات امتدت فوصلت الجزيرة العربية ودخلت بلاد الحرمين، مما يجرّ إلى تنازع ثلاثة أشخاص فيها ذووا شأن ومكانة، حيث كل واحد منهم ابن خليفة – ابن ملك –، ويصل تنازعهم إلى حدّ الاقتتال، بما يعني أنّ لكل واحد منهم عصبة تحميه، وقوة تسانده تحارب لأجله وتُغريه، فهي حرب أهلية بوجه من الوجوه، عن ثوبان قال: قال رسول الله

---

[136] في شهر (يوليو 2006م) نشرت مجلة القوات المسلحة الأمريكية دراسة للنائب الأسبق لرئيس هيئة الأركان الأمريكي، رالف بيترز، دعا فيها إلى إعادة رسم خريطة الشرق الأوسط، وعلى الرغم من أنّ هذه الخطة لم تعتمد من قبل الإدارة الأمريكية، إلا أنها عُرضت للنقاش في كلية حلف شمال الأطلسي، وتم تداولها في دوائر رسمية عدة بالولايات المتحدة الأمريكية، وأكد أحد الباحثين في معهد الدراسات الدولية وجود خرائط أخرى لا تقل أهمية عن خريطة بيترز، إلا أنها لم تتسرب إلى الصحافة، وقد أدى نشر هذه الخريطة ومناقشتها في أروقة الناتو إلى احتجاج رئيس هيئة الأركان التركي لدى نظيره الأمريكي من التجاوز الخطير المتمثل في الدعوة إلى إنشاء دولة كردية على حساب تركيا. (نقلاً من جريدة البيان العدد 317 محرم 1435هـ، نوفمبر 2013م). وانظر: فصل الحروب الاستباقية والفوضى الخلاقة.

صلى الله عليه وسلم: "يقتتل عند كنزكم ثلاثة، كلّهم ابن خليفة، ثم لا يصير إلى واحد منهم، ثم تطلع الرايات السود[137] من قبل المشرق، فيقتلونكم قتلاً لم يقتله قوم"[138]، يقتتل هؤلاء الثلاثة فيما بينهم على الحكم فيما يظهر، وليس على كنز الذهب، لأنه ورد في حديث ضعيف النصّ على ذلك، فعن ثوبان قال: قال رسول الله صلى الله عليه وسلم: "يقتتل عند كنزكم نفر ثلاثة، كلهم ابن خليفة، ثم لا يصير المُلك إلى أحد منهم"[139] ولِما ورد أيضاً أنّ اختلافهم يكون عند موت حاكم "يكون اختلاف عند موت خليفة"، ولأنه لا مطمع لأحد في الوصول إلى كنز الكعبة، لما فيه من انتهاك حرمتها والتجرّء عليها مما يُستبعد في وقته، علاوة على أنه ليس بالشيء الكثير فهو يقارب ستين أوقية من ذهب كما ورد في بعض الآثار[140]، ومما يدلّ على هذا الاقتتال ماورد في الحديث عن أم

---

[137] من خلال تتبّعي للأحاديث فإنّ الرايات السود تارة تشير إلى مجاهدي أفغانستان وأتباعهم، فراياتهم سوداء مكتوب عليها: لا إله إلا الله محمد رسول الله، تيمّنا براية رسول الله صلى الله عليه وسلم والمعروفة ب(العُقاب)، وهم الذين سيكونون من جنود المهدي وينصبون راياتهم في إيلياء كما في الحديث. وتارة يقصد بالرايات السود الشيعة الفرس، إشارة لعمائمهم وراياتهم السوداء التي يرفعونها ومكتوب عليها: يا حسين. وبهم بدأت الفتن، وسيكونون –والله أعلم– رأس حربتها لسنوات قادمة.

[138] الحاكم في المستدرك، وقال: صحيح على شرط الشيخين. وأقرّه الذهبي. وهو أصحّ حديث في الرايات السود. والمقصود بقوله: "عند كنزكم" كنز الكعبة كما قال ابن كثير –رحمه الله–. وورد ذكره في صحيح مسلم.

[139] السنن الواردة في الفتن لأبي عمرو الداني.

[140] الأوقية أربعون درهماً، والدرهم تقريباً ثلاثة غرامات.

سلمة أنّ رسول الله صلى الله عليه وسلم قال: "يكون اختلاف عند موت خليفة، فيخرج رجل من المدينة هارباً إلى مكة، فيأتيه ناس من أهل مكة، فيخرجونه وهو كاره، فيبايعونه بين الركن والمقام"[141]. ففي غمرة هذه النزاعات يشغر منصب الحكم، وتشيع الفوضى ويذهب الأمن لخلوّ البلاد من حاكم يحكمها، وتتوارد الأنباء أنّ حاكم الشام "السفياني" بعث جيشاً إلى المدينة المنورة، لما في البلاد من تنازع فيطمع في ضمّها إلى سلطانه، فيهرب منها رجل معروف في أهلها من آل بيت النبوة، فيأتي مكة مختبئاً عائذاً، فيتبعه محبّوه يلحقون به فيأتونه مع أناس من أهل مكة ويبايعونه على الحكم فيأبى، فيكرهونه على ذلك ويبايعونه بين الركن والمقام، آملين من الله أن يطفئ بالاجتماع على هذا الرجل الفتنة في البلاد، وأن يتصدّى لهذه الجيوش القادمة من قبل الشام ومن قبل الشرق.

تبلغ "السفياني" الأخبار عن رجل في المدينة المنورة ستعقد له البيعة من خواصّه للخلافة فيرسل جيشه إليها لقتاله، فيصل إليها وهي يومئذ خراب[142] خالية من أهلها إلا القليل، وقد هرب المهدي إلى مكة وعقدت له البيعة فعلاً، فيتوجه إليها لقتاله، فيخسف بالجيش ببَيداء بعد "ذي الحليفة" بالطريق إلى مكة، فلا ينجو منهم أحد إلا من يخبر عنهم، عن عائشة –رضي الله عنها– قالت: قال رسول

---

[141] أحمد في مسنده.   قال ابن القيم في (المنار المنيف:145/1): والحديث حسن، ومثله مما يجوز أن يقال فيه: صحيح.

[142] عن عوف بن مالك الأشجعي أن رسول الله صلى الله عليه وسلم قال: "أما والله يا أهل المدينة لتذرّنها للعوافي، هل تدرون ما العوافي؟ " قلنا: الله ورسوله أعلم. قال: "الطير والسباع". صحيح ابن حبان بسند حسن.

الله صلى الله عليه وسلم: "يغزو جيش الكعبة، فإذا كانوا ببيداء من الأرض، يُخسف بأولهم وآخرهم" قالت: قلت: يا رسول الله كيف يُخسف بأولهم وآخرهم وفيهم أسواقهم ومن ليس منهم؟ قال: "يُخسف بأولهم وآخرهم ثم يُبعثون على نيّاتهم"[143]. وعن أبي هريرة -رضي الله عنه- قال: قال رسول الله صلى الله عليه وسلم: "يخرج رجل يقال له: السفياني في عمق دمشق، وعامة من يتبعه من كلب، فيقتل حتى يبقر بطون النساء، ويقتل الصبيان، فتجمع لهم قيس فيقتلها حتى لا يمنع ذنَبَ تَلْعة، ويخرج رجل من أهل بيتي في الحرّة (المدينة المنورة) فيبلغ السفياني، فيبعث إليه جنداً من عسكره فيهزمهم، فيسير إليه السفياني بمن معه حتى إذا صار ببيداء من الأرض خُسف بهم، فلا ينجو منهم إلا المخبر عنهم"[144].

عندما يخسف بالجيش ويشيع ذلك في الآفاق يتيقّن أهل الإيمان أنّ هذا الرجل الذي بويع في مكة هو المهدي الذي ينتظرونه، والذي تواترت فيه الأحاديث عن النبي صلى الله عليه وسلم، فيتسابقون لمبايعته والانضمام إلى جيشه، ويخرج إليه من دمشق عدد من

---

[143] البخاري في البيوع، باب ما ذكر في الأسواق. ومسلم في الفتن وأشراط الساعة، باب الخسف بالجيش الذي يؤم البيت.

[144] الحاكم في المستدرك، وقال: هذا حديث صحيح الإسناد على شرط الشيخين. وأقرّه الذهبي. قوله: "حتى لا يمنعوا ذنب تلعة": الذنب –بفتحتين– الأسفل، والتلعة –بفتح فسكون– مسيل الماء من أعلى إلى أسفل، وأذناب المسايل: أسافل الأودية، والمراد: وصفهم بالذل والضعف، وأنهم يصيرون بحيث لا يقدرون على منع أحد من أسفل واد من أوديتهم، والله تعالى أعلم.

112

المئين، هم أكرم العرب فرَساً وأجودهم سلاحاً يؤيد الله بهم الدين، عن أبي هريرة قال: سمعت رسول الله صلى الله عليه وسلم يقول: "إذا وقعت الملاحم خرج بعثٌ من الموالي من دمشق، هم أكرم العرب فرَساً، وأجودُه سلاحاً، يؤيّد الله بهم الدين"، وتقبل رايات من قبل أفغانستان كأنّ قلوبهم زبر الحديد، يعيد الله تعالى بهم من الإسلام كل خلق جديد، عن عبد الله بن الحارث بن جَزْء الزبيدي قال: قال رسول الله صلى الله عليه وسلم: "يخرج ناس من المشرق فيوَطّئون للمهدي"[145] يعني: سلطانه.

وقد رُويَت بعض الأحاديث التي تبين الأحداث والظروف الذي يخرج فيها المهدي وما يسبق ذلك من أهوال في الشام والحجاز، وهذه الأحاديث وإن كانت ضعيفة إلا أنها مما يُروى في مثل هذا المقام، وأنا أذكرها أسوة بعلماء السلف الذين رووها وذكروها في كتبهم، وما رووها لتُطوى وتُهمل؛ بل لتشاع وتُذكر وتُعلم، فمما روي من أحاديث في ذلك: ما جاء عن عبد الله بن مسعود -رضي الله عنه- عن النبي صلى الله عليه وسلم قال: "إذا كانت صيحة في رمضان، فإنه يكون معمعة في شوال، وتميّز القبائل في ذي القعدة، وتُسفك الدماء في ذي الحجة والمحرّم، وما المحرّم؟ وما المحرّم؟ وما المحرّم؟ هيهات، هيهات، يُقتل الناس فيها هرجاً، هرجاً". قال: قلنا: وما الصيحة يا رسول الله؟ قال: "هدّة في النصف من رمضان، ليلة جمعة، وتكون هدّة توقظ النائم، وتقعد القائم، وتُخرج العواتِق من

---

[145] سنن ابن ماجه (4088). وهو ضعيف.

خدورهنّ، في ليلة جمعة من سنة كثيرة الزلازل، فإذا صليتم الفجر من يوم الجمعة، فادخلوا بيوتكم، وأغلقوا أبوابكم، وسدّوا كُواكُم، ودثّروا أنفسكم، وسدّوا آذانكم، فإذا أحسستم بالصيحة فخرّوا لله تعالى سجداً، وقولوا: سبحان القدوس، سبحان القدوس، ربنا القدوس، فإنه من فعل ذلك نجا، ومن لم يفعل ذلك هلك"[146].

هذا الحديث رغم أنه ضعيف من حيث الرواية إلا أن معناه يدلّ على صحته، بل هو من أعلام النبوة، إذ فيه الإشارة إلى ضربة نووية عبّر عنها "بالصيحة" ثم فسّرها "بالهدّة"، وفي رواية "صوت"، مع التعليمات الكاملة لكل من يتعرّض لها لكيفية الوقاية منها، فمعلوم عند المختصين أنّ أهمّ إجراءٍ للوقاية من الإشعاعات الذرية أو الغازات الكيماوية هي التواجد في أماكن محصّنة ومعزولة تماماً، والحديث يرشدنا إلى ذلك وإلى أقصى درجات العزْل، بأنّ الذي يشهد فجر هذا اليوم عليه بعد الصلاة أن يعود إلى بيته لا إلى مكان آخر، فيعزل بشكل محكم مكان جلوسه منه "وسدّوا كُواكم" جمع كوّة، أي: النوافذ والفتحات، ثم يغطي نفسه بدثار من أعلى رأسه إلى أخمص قدميه "ودثّروا أنفسكم"! مما يمنع أو يقلّل إلى حدّ كبير من

---

[146] أخرجه الإمام نعيم بن حماد في الفتن.

وهل سيرافق هذا الحدث حرب عالمية ثالثة؟ أم سيكون هذا الحدث بسبب حرب عالمية ثالثة؟ الله أعلم. ومعلوم أنّ أيّ كبسة زرّ لضربة نووية من أيّ مكان في العالم سيتبعها بلا شكّ ردّات فعل من دول أخرى، مما سيؤدي إلى حرب ثالثة. وكثير من الباحثين يرون أنه لا فكاك من قيام هذه الحرب الكونية على ضوء الأحداث التي تجري في الشام والتي فيها آخر قاعدة لروسيا في الشرق الأوسط.

وصول أي آثار للغازات أو الإشعاعات، ثمّ فيه إجراء للوقاية من شيء آخر ألا وهو الضغط الحاصل نتيجة الانفجار، إذ يرشدنا إلى أن نسدّ آذاننا، وهذا مفيد للتخفيف من ضغط الانفجار على الأذنين، ثم نقول ساجدين: "سبحان القدوس" ونكررها، وهذا أيضاً له الفائدة نفسها، لأنّ التلفّظ بحرف الألف من كلمة "سبحان" وبحرف الواو من كلمة "قدوس" يستلزم فتح الفم وهذا مفيد جداً للأذن أثناء ارتفاع الضغط الجوي! إنه إعجاز حقاً من النبي صلى الله عليه وسلم أن يصف لنا سبل الوقاية من هذا الحدث العظيم والذي لا يمكن لأعظم مختصّ أن يزيد عليه، بل ويحدّد صفة السنة "كثيرة الزلازل"، واسم اليوم والتوقيت! "الجمعة بعد صلاة الفجر".

وعن شهر بن حوشب قال: قال رسول الله صلى الله عليه وسلم: "يكون في رمضان صوت، وفي شوال مهمهة، وفي ذي القعدة تَحارُب القبائلِ، وعلامته يُنتهَب الحاجّ، وتكون ملحمةٌ بمِنى، يكثر فيها القتلى، وتسيل فيها الدماء حتى تسيل دماؤهم على الجمرة، حتى يهرب صاحبهم، فيؤتى بين الركن والمقام، فيبايَع وهو كاره، ويقال له: إن أبيت ضربنا عنقك. يرضى به ساكن السماء وساكن الأرض"[147].

وهذا الحديث فيه إعجاز أيضاً تحيّر فيه العلماء قديماً، فكيف تسيل الدماء على جمرة العقبة؟ فحرف "على" للاستعلاء، أي أنّ الدماء ستسيل من أعلى إلى أسفل، وهذا لم يكن متصوراً ولا ممكناً قبل أن تُبنى الجسور وتُجعل أحواض الرمي طبقات، أما اليوم فسيلان الدماء من أعلى إلى أسفل متصور ومعقول بالبداهة من غير تكلّف.

[147] أخرجه الإمام أبو عمرو الداني في سننه.

ومرّ قريباً الأثر عن كعب "إذا كانت رجفتان في شهر رمضان انتدب لها -للخلافة- ثلاثة نفر من أهل بيت واحد (من عائلة واحدة)، أحدهم يطلبها بالجبروت، والآخر يطلبها بالنسك والسكينة والوقار، والثالث يطلبها بالقتل واسمه "عبد الله"، ويكون بناحية الفرات مجتمَع عظيم، يقتتلون على المال، يُقتل من كل تسعة سبعة".

فلا يظهر المهدي إلا على خوف عظيم، وزلازل وفتن وبلاء يصيب الناس، وسيف قاطع بين العرب، واختلاف شديد في الناس، وتشتّت في دينهم وتغيّر في حالهم، وخراب في بلادهم وخاصة في الشام، حتى يتمنّى الواحد الموت صباحاً ومساء من عظيم ما يرى من كلَب الناس وأكل بعضهم بعضاً، فحينئذ يَخرج، فيا طوبى لمن أدركه وكان من أنصاره، والويل كل الويل لمن خالفه وعصى أمره.

القدس عاصمة الخلافة

بعد أن تتمّ البيعة للمهدي ويظهر أمره بعد الخسف بجيش السفياني وهو في الطريق إلى مكة المكرمة، تأتيه الأفواج من كل صقع تبايعه، والرسل من قوّاد الأمصار تناصره وتعاضده، ويرسل له السفياني بالبيعة لتهدئة أهل الشام الذين يحضّونه على ذلك، ثم لا يلبث أن ينقض بيعته فيسير إليه المهدي بجيشه إلى الشام يطلبه فيدركه في طبريا فيهزمه ويقتله كما ورد في خبر ضعيف سنداً، فإن صحّ واقعاً فإنه يعني أنّ حدود إسرائيل قد وقع عليها تغيير، بحيث أنّ الجولان ستكون تحت سلطة السفياني، وكذلك القدس كما سيأتي قريباً، وبظهور المهدي وقتله للسفياني ودحره لجيشه تندرس آثار الظلَم، وتعود المحنة منحة واللأواء نعمة، ثم يسير إلى دمشق في جيشه العرمرم، ويقيم بها مدة مؤيداً منصوراً، ويرحّب به ويكرّم، ويأمر بعمارة جامعها وترميم[148] ما وهى منها وتهدّم، وتنعم الأمة في أيامه نعمة لم ينعمها قبلها أحد من الأمم، فيا طوبى لمن أدرك تلك الأيام الغرّ، وتملّى بالنظر إلى جبين ذلك الإمام الأغرّ.

وخلال سبع سنين ينشر العدل والرخاء، ويكثر المال وتُخرج الأرض خيراتها، عن أبي سعيد وجابر بن عبد الله قالا: قال رسول الله صلى

---

[148] حيث ورد في خبر ضعيف تهدم الجدار الغربي للمسجد الأموي: "فبينا هم ينظرون في أعاجيبه إذ رجفت الأرض فانقعر غربي مسجدها، ويخسف بقرية يقال لها حرستا".

الله عليه وسلم: "يكون في آخر الزمان خليفة يقسم المال ولا يعدّه"[149]، إشارة للمهدي.

وعن أبي سعيد الخدري –رضي الله عنه– أنّ رسول الله صلى الله عليه وسلم قال: "يخرج في آخر أمتي المهدي يسقيه الله الغيث، وتخرج الأرض نباتها، ويعطي المال صحاحاً، وتكثر الماشية، وتعظُم الأمة، يعيش سبعاً أو ثمانياً" يعني حججاً[150]. أي يقيم القسط والعدل، وإلا فهو بعد الخلافة يعيش عشرين سنة، وقيل أكثر من ذلك، فقد تعدّدت الروايات، فسبع سنين غير كافية لإحداث كل هذا التغيير من فتح البلاد وجمع كلمتها، ثم مهادنة الروم (الغرب)، ثمّ الملحمة الكبرى، ثم فتح القسطنطينية (استنبول) والبندقية بعد غدر الروم، وقد ثبت أنّ بين الملحمة الكبرى وفتح القسطنطينية ست سنين، فعن عبد الله بن بسر –رضي الله عنه– أنّ رسول الله صلى الله عليه وسلم قال: "بين الملحمة وفتح المدينة (القسطنطينية) ستّ سنين، ويخرج المسيح الدجال في السابعة"[151]. ثم قتاله الدجال مع النبي عيسى عليه السلام. أضف إلى ذلك أنّ أعمار أمة سيدنا محمد صلى الله عليه وسلم بين الستين والسبعين، فإذا ظهر المهدي في سنّ الأربعين وعاش بعدها عشرين صار المجموع ستين سنة، فرجل هيأه الله لجمع الأمة وتحقيق الانتصارات على يديه أغلب

---

[149] مسلم في الفتن وأشراط الساعة، باب لا تقوم الساعة حتى يمر الرجل بقبر الرجل.

[150] الحاكم في المستدرك، وقال: هذا حديث صحيح الإسناد. وقال الذهبي: صحيح.

[151] أحمد في مسنده، وعدد من الحفاظ.

الظنّ أنّ الله يمدّ في عمره بما يناسب طبيعة مهمّته، كما عمّر جدّه عليه الصلاة والسلام وكما عمّر الخلفاء أبو بكر وعمر وعلي (63 سنة قمرية) ومدّ الله في عمر عثمان إلى فوق الثمانين، رضي الله عنهم أجمعين.

ويذكر بعض من كتب في أشراط الساعة أنّ الإسلام في زمن المهدي سيضرب بجِرانه في الأرض حتى يعمّ العالم كله، ويستشهدون لذلك بعدة أحاديث، ومن خلال نظرة شاملة على الأحاديث التي تصلح للاستشهاد على ظهور المهدي وما يحصل في زمنه وما يجريه الله على يديه؛ يتبين أنّ هذا القول لا يستقيم ولا يصحّ، إذ ورد أنه في زمن المهدي "تصالحون الروم صلحاً آمنا حتى تغزون أنتم وهم عدواً من ورائهم" ثم في آخر الحديث "يأتونكم تحت ثمانين راية" فهذا يدل على أنّ بعض الغرب لم يدخل الإسلام وإنما يعقد صلحاً مع المسلمين، وينصّ الحديث على ثمانين راية، أي ثمانين دولة تغزو المسلمين، ثم يخرج الدجال بعد ذلك فيحصر المسلمين في القدس حتى ينزل سيدنا عيسى فيقتله.

فالتحقيق –والله أعلم– أنّ المهدي تدين له أرض الشام وما حولها وتدين له كثير من دول الإسلام، ثم تبدأ دولته بالانحسار بعد خروج الدجال الذي يطوف العالم كلّه عدا مكة والمدينة، حتى يقتله سيدنا عيسى ابن مريم، عندها تدين الأرض كلها بالإسلام ولا يبقى على وجه الارض إلا ملّة الإسلام، فالخلط جاء من هنا، فنُسب للمهدي ما يكون لعيسى ابن مريم مع وجود المهدي عليه السلام، حيث أنّ بعض الأحاديث ذكر فيها النبي عيسى باسم المهدي، فنسب البعض للمهدي ما يكون في زمن عيسى نتيجة هذا.

بعد الشام ينزل المهدي بيت المقدس ويجعلها عاصمة الخلافة، وستكون المرة الأولى في تاريخ الإسلام التي تكون فيها القدس عاصمة الخلافة، لأنّ المدينة المنورة تكون خراباً وقتها، فعن معاذ بن جبل قال: قال رسول الله صلى الله عليه وسلم: "عمرانُ بيت المقدس خرابُ يثرب، وخرابُ يثرب خروجُ الملحمة، وخروج الملحمة فتح قسطنطينية، وفتح القسطنطينية خروج الدجال".

وعن عوف بن مالك الأشجعي أنّ رسول الله صلى الله عليه وسلم قال: "أما والله يا أهل المدينة لتذرّنها للعوافي، هل تدرون ما العوافي؟ " قلنا: الله ورسوله أعلم. قال: "الطير والسباع"[152].

وأما ما يدلّ على أنّ مدينة القدس ستكون عاصمة الخلافة فالحديث الذي تقدم ذكره عن عبد الله بن حَوالة الأزدي –رضي الله عنه– قال: وضع رسول الله صلى الله عليه وسلم يده على رأسي أو على هامتي، ثم قال: "يا ابن حوالة! إذا رأيت الخلافة قد نزلت الأرض المقدسة؛ فقد دنت الزلازل والبلابل والأمور العظام، والساعة يومئذ أقرب إلى الناس من يدي هذه إلى رأسك".

وعن أبي سعيد الخدري قال: سمعت رسول الله صلى الله عليه وسلم يقول: "يخرج رجل من أمتي يقول بسنّتي، ينزل الله له القطر من السماء ويخرج له الأرض من بركتها، تمتليء الأرض منه قسطاً وعدلاً كما ملئت جوراً وظلماً، يعمل على هذه الأمة سبع سنين، وينزل بيت المقدس"[153].

---

[152] صحيح ابن حبان بسند حسن.

[153] الطبراني. وهو ضعيف.

وعن أبي هريرة –رضي الله عنه– قال: قال رسول الله صلى الله عليه وسلم: "تخرج من خراسان رايات سود لا يردّها شيء حتى تنصب بإيلياء"[154]. يعني بيت المقدس، فتكون رايات مجاهدي أفغانستان جنوداً من جنود المهدي يدخلونها بقيادته.

ويبدو من تتبع الروايات أنّ المهدي يدخل القدس بغير قتال، فهي إما أنها تحرّرت قبل ظهوره نتيجة الحروب الدامية، وإما أن تكون الحروب قد نهشت بلاد العرب ومزّقتهم وذاقوا منها الويلات، ومرّ أنه ربما ستكون ضربة بسلاح الدمار الشامل (ذرية أو كيماوية)، لا نعلم ماذا سيكون وضع إسرائيل على إثرها، فلا بدّ أن تكون قد أصابها ما أصاب المنطقة كلها، وذاقت ما ذاق المسلمون من دمار وقتل، ولم يعد أمام الجميع غير الموت، فيجتمع المسلمون من كل أصقاع الأرض والعالم حول المهدي فيفتح الفتوح، ويقهر الأعادي، ويبلغ من القوّة بحيث أنّ العالم الغربي والشرقي واليهود من بينهم يدخلون معه في عقد صلح ومهادنة، فيشترط عليهم تسليم بيت المقدس، فينزلون على أمره، فيجعلها عاصمة الخلافة. ويدلّ على هذا حديث عوف بن مالك في صحيح البخاري عن النبي صلى الله عليه وسلم، وفيه: "ثم هدنة تكون بينكم وبين بني الأصفر، فيغدرون، فيأتونكم تحت ثمانين غاية، تحت كل غاية اثنا عشر ألفاً".

وعن علي –رضي الله عنه– قال: "إذا بعث السفياني إلى المهدي جيشاً فخسف بهم بالبيداء، وبلغ ذلك أهل الشام قالوا لخليفتهم: قد خرج المهدي فبايعه وادخل في طاعته، وإلا قتلناك، فيرسل إليه

---

[154] أحمد في مسنده، والترمذي في سننه.

بالبيعة، ويسير المهدي حتى ينزل بيت المقدس، وتنقل إليه الخزائن، وتدخل العرب والعجم وأهل الحرب والروم وغيرهم في طاعته من غير قتال"[155].

ــــــــــــــــــــــــــــــ

[155] نعيم بن حماد في الفتن.

الملحمة الكبرى وظهور الدجال

خلال فترة الحروب والقتال يصيب المسلمين بأس شديد، فعن أسماء بنت يزيد قالت: كنا مع النبي صلى الله عليه وسلم في بيته فقال: "إذا كان قبل خروج الدجال بثلاث سنين، حبست السماء ثلث قَطْرها، وحبست الأرض ثلث نباتها، فإذا كانت السنة الثانية حبست السماء ثلثي قَطرها، وحبست الأرض ثلثي نباتها، فإذا كانت السنة الثالثة حبست السماء قَطرها كله، وحبست الأرض نباتها كله، فلا يبقى ذو خُفّ، ولا ظِلْف إلا هلك"[156].

ولكثرة الملاحم قبل المهدي وفي زمنه يباد أكثر العرب، قالت أم شريك: يا رسول الله فأين العرب يومئذ؟ قال: "هم قليل"[157]. وعن عائشة أنّ رسول الله صلى الله عليه وسلم ذكر جَهداً شديداً يكون بين يدي الدجال فقلت: يا رسول الله فأين العرب يومئذ فقال: "يا عائشة إنّ العرب يومئذ قليل". قلت: فما يجزي المؤمنين يومئذ من الطعام؟ قال: "التسبيح والتهليل والتكبير"، قلت: فأيّ المال يومئذ خير؟ قال: "غلام يسقي أهله من الماء أما الطعام فلا طعام"[158].

يدخل المهدي القدس ويوحّد الأمة، فيجتمع العالم لقتاله، فيعجزون عن القضاء عليه، فيلجؤون إلى الصلح والمهادنة، لفترة من الزمن،

---

[156] أحمد في المسند بسند ضعيف.

[157] مسلم في كتاب الفتن وأشراط الساعة، باب في بقية من أحاديث الدجال.

[158] أحمد في المسند بسند ضعيف.

يعقد الغرب هدنة وصلح مع المهدي، ويقاتلون خلالها عدواً مشتركاً، ويغلب على الظنّ أنه إيران، ففي كثير من الروايات تقاتلون أنتم وهم عدواً من ورائهم، وجاء مصرّحا بفارس (إيران) في حديث عبد الله بن مسعود عن النبي صلى الله عليه وسلم قال: "تكون بين الروم وبين المسلمين هدنة وصلح، حتى يقاتلوا معهم عدواً لهم، فيقاسمونهم غنائمهم. ثم إنّ الروم يغزون مع المسلمين فارس، فيقتلون مقاتلتهم ويسبون ذراريهم، فيقول الروم: قاسمونا الغنائم كما قاسمنكم، فيقاسمونهم الأموال وذراري الشرك، فيقول: قاسمونا ما أصبتم من ذراريكم، فيقولون: لا نقاسمكم ذراري المسلمين أبداً، فيقولون: غدرتم بنا"[159]. فهذا الحديث الضعيف يفسّر معنى "عدواً من ورائهم".

ومرّ حديث عوف بن مالك عن النبي صلى الله عليه وسلم وفيه: "ثم هدنة تكون بينكم وبين بني الأصفر، فيغدرون، فيأتونكم تحت ثمانين غاية، تحت كل غاية اثنا عشر ألفاً"، تستمر الهدنة والصلح سنتين أو أربعاً ثم يغدر الروم بالمسلمين في السنة الثالثة أو الخامسة حسبما جاء في الروايات، ويطردون العرب من ديارهم ويلاحقونهم، فعن عبد الله بن عمرو قال: "يوشك أن لا يبقى في أرض العجم من العرب إلا قتيل أو أسير يُحكَم في دمه"[160]. وورد "وتثب الروم على ما بقي في بلادهم من العرب فيقتلونهم، حتى لا يبقى بأرض الروم عربي ولا عربية، ولا ولد عربي إلا قتل"[161]، ويأتي الروم (الغرب) بجيش عظيم فينزلون من جهة أنطاكية فتدور معركة كبرى بدابق

---

159 نعيم بن حماد في الفتن.

160 الحاكم في المستدرك، وصححه، وأقرّه الذهبي.

161 نعيم بن حماد في الفتن.

قرب حلب، وهي الملحمة الكبرى التي وردت بها الأحاديث، حرب عظيمة على مقربة سبع سنين من خروج الدجال، ومن أعظم الحروب بين أهل الكفر وأهل الإسلام، تدرو رحاها على أرض الشام المباركة، تكون الغلبة فيها لأهل الإسلام، يستشهد فيها ثلث جيوشهم، فعن أبي الدرداء -رضي الله عنه- إنه سمع رسول الله صلى الله عليه وسلم يقول: "يوم الملحمة الكبرى فسطاط المسلمين بأرض يقال لها الغوطة، فيها مدينة يقال لها دمشق، خير منازل المسلمين يومئذ". تستمرّ هذه الملحمة وتوابعها قريباً من ست سنين، وتكون دمشق هي معقل المسلمين في هذه الملاحم، وتكون الغوطة قرب دمشق هي مكان تجمع (فسطاط) جيوش المسلمين وقت الملاحم كما بيّن الحديث السابق، وفي حديث آخر: "ستُفتح عليكم الشام، فإذا خُيّرتم المنازل فيها فعليكم بمدينة يقال لها: دمشق، فإنّها معقل المسلمين من الملاحم، وفسطاطها منها بأرض يقال لها: الغوطة".

والسرّ في كون دمشق هي المعقل يومئذ أنّ الله تبارك وتعالى يطرح البركة في أرضها ومائها، فعن عبد الله بن مسعود -رضي الله عنه- مرفوعاً: "والذي نفسي بيده، لتتسعَنّ على من يأتيها من المسلمين كما يتّسع الرحم على الولد"[162]، وعنه أيضاً - وقد مرّ ذكره- قال: "يوشك أن تطلبوا في قراكم هذه طستاً من ماء، فلا تجدونه ينزوي كل ماء إلى عنصره، فيكون في الشام بقية المؤمنين والماء".

بعد الملحمة الكبرى بست سنين يتم فتح القسطنطينية ويدخلها المسلمون بغير قتال، يدخلونها بالتسبيح والتهليل والتكبير، ومعنى

---

[162] نعيم بن حماد في الفتن.

فتحها –والله أعلم– أنّ الغرب بعد هزيمته في الملحمة الكبرى ينهزم إلى تركيا حليفته في حلف الناتو، التي يكون قد انطلق منها مع ثمانين راية لقتال المسلمين، فيلحق به المسلمون مهزوماً، فيدخلون استنبول وينقضون حلف تركيا مع الناتو، وبينما هم كذلك، يأذن الله تعالى بخروج الدجّال من إيران، فيجيّش سبعين ألفاً من يهود أصبهان لقتال المسلمين والروم (الغرب) الذين تحالفوا معهم على قتال الفرس، فعن أنس بن مالك –رضي الله عنه– قال: قال رسول الله صلى الله عليه وسلم: "يتبع الدجال من يهود أصبهان سبعون ألفا عليهم الطيالسة"[163].

وعن أبي هريرة أنّ رسول الله صلى الله عليه وسلم قال: "لا تقوم الساعة حتى ينزل الروم بالأعماق أو بدابق، فيخرج إليهم جيش من المدينة[164]، من خيار أهل الأرض يومئذ، فإذا تصافّوا قالت الروم: خلّوا بيننا وبين الذين سبوا منا نقاتلهم، فيقول المسلمون: لا، والله لا نخلّي بينكم وبين إخواننا، فيقاتلونهم، فينهزم ثلث لا يتوب الله عليهم أبداً، ويقتل ثلثهم أفضل الشهداء عند الله، ويفتتح الثلث لا يفتنون أبداً فيفتتحون قسطنطينية، فبينما هم يقتسمون الغنائم، قد علقوا سيوفهم بالزيتون إذ صاح فيهم الشيطان: إنّ المسيح قد خلفكم في أهليكم، فيخرجون، وذلك باطل، فإذا جاؤوا الشأم خرج، فبينما هم يُعدّون للقتال يسوّون الصفوف إذ أقيمت الصلاة، فينزل عيسى ابن مريم صلى الله عليه وسلم، فأمَّهم، فإذا رآه عدو الله ذاب كما يذوب

---

[163] مسلم في الفتن وأشراط الساعة، باب في بقية من أحاديث الدجال.
[164] أي دمشق؛ لأن المراد بالجيش الخارج إلى الروم جيش المهدي بدليل آخر الحديث ؛ ولأن المدينة المنورة تكون خرابا في ذلك الوقت.

126

الملح في الماء، فلو تركه لانذاب حتى يهلك، ولكن يقتله الله بيده فيريهم دمه في حربته"[165].

وعن عبد الله بن مسعود -رضي الله عنه- قال: "إنّ الساعة لا تقوم حتى لا يُقسم ميراث ولا يُفرَح بغنيمة، ثم قال: بيده هكذا -ونحّاها نحو الشأم- فقال: عدو يجمعون لأهل الإسلام، ويجمع لهم أهل الإسلام، قلت: الروم تعني؟ قال: نعم، وتكون عند ذاكم القتال ردة شديدة، فيشترط المسلمون شرطة للموت لا ترجع إلا غالبة، فيقتتلون حتى يحجز بينهم الليل، فيفيء هؤلاء وهؤلاء كلٌّ غير غالب، وتفنى الشرطة، ثم يشترط المسلمون شرطة للموت لا ترجع إلا غالبة، فيقتتلون حتى يحجز بينهم الليل، فيفيء هؤلاء وهؤلاء كلٌّ غير غالب، وتفنى الشرطة، ثم يشترط المسلمون شرطة للموت لا ترجع إلا غالبة، فيقتتلون حتى يمسوا، فيفيء هؤلاء وهؤلاء كلٌّ غير غالب، وتفنى الشرطة، فإذا كان يوم الرابع نهد إليهم بقية أهل الإسلام، فيجعل الله الدبرة عليهم، فيقتلون مقتلة -إما قال: لا يُرى مثلها، وإما قال: لم يُر مثلها- حتى إنّ الطائر ليمرّ بجنباتهم فما يخلفهم حتى يخرّ ميتاً، فيتعادّ بنو الأب كانوا مائة فلا يجدونه بقي منهم إلا الرجل الواحد، فبأي غنيمة يُفرَح، أو أيّ ميراث يُقاسَم؟ فبينما هم كذلك إذ سمعوا ببأس هو أكبر من ذلك، فجاءهم الصريخ إنَ الدجال قد خلفهم في ذراريهم، فيرفضون ما في أيديهم ويقبلون، فيبعثون عشرة فوارس طليعة، قال رسول الله صلى الله عليه وسلم: "إني لأعرف أسماءهم وأسماء آبائهم، وألوان خيولهم، هم خير فوارس

---

[165] مسلم في الفتن وأشراط الساعة، باب في فتح قسطنطينية، وخروج الدجال ونزول عيسى ابن مريم.

على ظهر الأرض يومئذ -أو من خير فوارس على ظهر الأرض يومئذ-"[166].

والدجال يبعثه الله فتنة في الأرض، يجوب العالم كله إلا مكة والمدينة، وعن جابر بن عبد الله -رضي الله عنهما- قال: قال رسول الله صلى الله عليه وسلم: "يخرج الدجال في خفّة من الدين وإدبار من العلم، وله أربعون ليلة يسيحها في الأرض، اليوم منها كالسنة، واليوم منها كالشهر، واليوم منها كالجمعة، ثم سائر أيامه كأيامكم هذه، وله حمار يركبه، عرض ما بين أذنيه أربعون ذراعاً"[167]. وأترك القارئ مع هذا الحديث النبوي الجامع عن الدجال لعنه الله، وعصمنا والمسلمين من فتنته، عن أبي أمامة الباهلي قال: خطبنا رسول الله صلى الله عليه وسلم فكان أكثر خطبته حديثاً حدّثناه عن الدجال، وحذّرَناه، فكان من قوله أن قال: "إنه لم تكن فتنة في الأرض منذ ذرأ الله ذرية آدم أعظم من فتنة الدجال، وإنّ الله لم يبعث نبياً إلا حذّر أمته الدجال، وأنا آخر الأنبياء وأنتم آخر الأمم، وهو خارج فيكم لا محالة، وإن يخرج وأنا بين ظهرانيكم فأنا حجيج لكل مسلم، وإن يخرج من بعدي فكل امرئ حجيج نفسه، والله خليفتي على كل مسلم، وإنه يخرج من خَلّة[168] بين الشام والعراق، فيعيث يميناً ويعيث شمالاً، يا عباد الله فاثبتوا فإني سأصفه لكم صفة لم يصفها إياه نبي قبلي، إنه يبدأ فيقول: أنا نبي. ولا نبي

---

[166] مسلم في الفتن وأشراط الساعة، باب إقبال الروم في كثرة القتل عند خروج الدجال.

[167] الحاكم في المستدرك، وصحّحه، وقال الذهبي: على شرط مسلم.

[168] أي: طريق بينهما.

بعدي، ثم يُثنّي فيقول: أنا ربكم. ولا ترون ربكم حتى تموتوا، وإنه أعور، وإن ربكم ليس بأعور، وإنه مكتوب بين عينيه كافر، يقرؤه كل مؤمن كاتب أو غير كاتب، وإنّ من فتنته أنّ معه جنة وناراً فناره جنة وجنته نار، فمن ابتلي بناره فليستغث بالله وليقرأ فواتح الكهف فتكون عليه برداً وسلاماً كما كانت النار على إبراهيم، وإنّ من فتنته أن يقول لأعرابي: أرأيت إن بعثت لك أباك وأمك أتشهد أني ربك؟ فيقول: نعم، فيتمثّل له شيطانان في صورة أبيه وأمه فيقولان: يا بني اتّبعه فإنه ربك، وإنّ من فتنته أن يسلّط على نفس واحدة فيقتلها وينشرها بالمنشار حتى يُلقى شقّتين، ثم يقول: انظروا إلى عبدي هذا فإني أبعثه الآن، ثم يزعم أن له رباً غيري، فيبعثه الله ويقول له الخبيث: من ربك؟ فيقول ربي الله وأنت عدو الله، أنت الدجال، والله ما كنت بعدُ أشدّ بصيرة بك مني اليوم"، قال رسول الله صلى الله عليه وسلم: "ذلك الرجل أرفع أمتي درجة في الجنة". قال: "وإنّ من فتنته أن يأمر السماء أن تمطر فتمطر، ويأمر الأرض أن تنبت فتنبت، وإنّ من فتنته أن يمرّ بالحيّ فيكذبونه، فلا تبقى لهم سائمة إلا هلكت، وإنّ من فتنته أن يمرّ بالحيّ فيصدّقونه، فيأمر السماء أن تمطر فتمطر، ويأمر الأرض أن تنبت فتنبت، حتى تروح مواشيهم من يومهم ذلك أسمن ما كانت وأعظمه، وأمدّه خواصر وأدرّه ضروعاً، وإنه لا يبقى شيء من الأرض إلا وطئه وظهر عليه إلا مكة والمدينة، لا يأتيهما من نقب من نقابهما إلا لقيته الملائكة بالسيوف صَلْتَة[169]، حتى ينزل عند الظريب الأحمر عند منقطع

[169] أي مجردة. يقال أصلت السيف إذا جرده من غمده.

السبخة[170]، فترجف المدينة بأهلها ثلاث رجفات فلا يبقى منافق ولا منافقة إلا خرج إليه، فتنفي الخبث منها كما ينفي الكير خبث الحديد، ويُدعى ذلك اليوم يوم الخلاص"، فقالت أم شريك بنت أبي العَكَر: يا رسول الله فأين العرب يومئذ؟ قال: "هم يومئذ قليل، وجلّهم ببيت المقدس، وإمامهم رجل صالح، فبينما إمامهم قد تقدم يصلي بهم الصبح، إذ نزل عليهم عيسى ابن مريم الصبح، فرجع ذلك الإمام ينكص يمشي القهقرى ليتقدم عيسى يصلي بالناس، فيضع عيسى يده بين كتفيه ثم يقول له: تقدّم فصلّ فإنها لك أقيمت، فيصلي بهم إمامهم فإذا انصرف قال عيسى عليه السلام: افتحوا الباب، فيفتح، ووراءه الدجال معه سبعون ألف يهودي كلّهم ذو سيف محلّى وساج[171]، فإذا نظر إليه الدجال ذاب كما يذوب الملح في الماء، وينطلق هارباً، ويقول عيسى عليه السلام: إنّ لي فيك ضربة، لن تسبقني بها، فيدركه عند باب اللدّ الشرقي فيقتله، فيهزم الله اليهود، فلا يبقى شيء مما خلق الله يتوارى به يهودي إلا أنطق الله ذلك الشيء، لا حجر ولا شجر ولا حائط ولا دابة -إلا الغرقدة فإنها من شجرهم لا تنطق- إلا قال: يا عبد الله المسلم هذا يهودي فتعال اقتله". قال رسول الله صلى الله عليه وسلم: "وإنّ أيامه أربعون سنة، السنة كنصف السنة، والسنة كالشهر، والشهر كالجمعة، وآخر أيامه كالشررة، يصبح أحدكم على باب المدينة، فلا يبلغ بابها الآخر حتى يمسي"، فقيل له: يا رسول الله كيف نصلي في تلك الأيام القصار؟

---

170 الظريب: تصغير ظرِب بوزن كتف. والظراب الجبال الصغار. السبخة: هي الأرض التي تعلوها الملوحة ولا تكاد تنبت إلا بعض الشجر.

171 الساج هو الطيلسان الاخضر.

قال: "تقدرون فيها الصلاة كما تقدرونها في هذه الأيام الطوال ثم صلّوا"[172].

وعن النواس بن سمعان، قال: ذكر رسول الله صلى الله عليه وسلم الدجال ذات غداة، فخفض فيه ورفع، حتى ظنناه في طائفة النخل، فلما رحنا إليه عرف ذلك فينا، فقال: "ما شأنكم؟" قلنا: يا رسول الله ذكرت الدجال غداة، فخفضت فيه ورفعت، حتى ظنناه في طائفة النخل، فقال: "غير الدجال أخوفني عليكم، إن يخرج وأنا فيكم، فأنا حجيجه دونكم، وإن يخرج ولست فيكم، فامرؤ حجيج نفسه والله خليفتي على كل مسلم، إنه شاب قَطَط[173]، عينه طافئة، كأني أشبهه بعبد العزى بن قطن، فمن أدركه منكم فليقرأ عليه فواتح سورة الكهف، إنه خارج خَلّة بين الشأم والعراق، فعاث يميناً وعاث شمالاً، يا عباد الله فاثبتوا" قلنا: يا رسول الله وما لبثه في الأرض؟ قال: "أربعون يوماً، يوم كسنة، ويوم كشهر، ويوم كجمعة، وسائر أيامه كأيامكم" قلنا: يا رسول الله فذلك اليوم الذي كسنة، أتكفينا فيه صلاة يوم؟ قال: "لا، اقدروا له قدره" قلنا: يا رسول الله وما إسراعه في الأرض؟ قال: "كالغيث استدبرته الريح، فيأتي على القوم فيدعوهم فيؤمنون به ويستجيبون له، فيأمر السماء فتمطر والأرض فتنبت، فتروح عليهم سارحتهم أطول ما كانت ذراً وأسبغه ضروعاً، وأمدّه خواصر، ثم يأتي القوم فيدعوهم فيردون عليه قوله، فينصرف عنهم فيصبحون مُمْحلين ليس بأيديهم شيء من أموالهم، ويمر بالخربة

---

172 سنن ابن ماجه (4075). نقب: هو طريق بين جبلين. الغرقدة: هو نوع من شجر الشوك.

173 شديد جعودة الشعر.

فيقول لها: أخرجي كنوزك، فتتبعه كنوزها كيعاسيب النحل، ثم يدعو رجلاً ممتلئاً شباباً، فيضربه بالسيف فيقطعه جزلتين رمية الغرض، ثم يدعوه فيقبل ويتهلل وجهه يضحك، فبينما هو كذلك إذ بعث الله المسيح ابن مريم، فينزل عند المنارة البيضاء شرقي دمشق بين مَهْرودَتَين[174]، واضعاً كفّيه على أجنحة ملكين، إذا طأطأ رأسه قطر، وإذا رفعه تحدّر منه جمان كاللؤلؤ، فلا يحل لكافر يجد ريح نفَسه إلا مات، ونفَسه ينتهي حيث ينتهي طرفه، فيطلبه حتى يدركه بباب لُدّ، فيقتله"[175].

بظهور الدجال يستعيد اليهود مجدهم، وتنشب المعارك تترى مع جيش المهدي، عن نَهيك بن صُرَيم السَّكوني –رضي الله عنه– قال: قال رسول الله صلى الله عليه وسلم: "لتقاتلنّ المشركين حتى يقاتل بقيّتكم الدجال على نهر الأردن، أنتم شرقيه وهو غربيه". قال: وما أدري يومئذ أين الأردن من الأرض[176].

ثم يلاحق الدجال المسلمين فيحاصرهم في بيت المقدس، فعن سَمُرة بن جُندَب –رضي الله عنه– أنّ رسول الله صلى الله عليه وسلم قال في الدجال: "وإنه يحصر المؤمنين في بيت المقدس، فيزلزلون زلزالاً

---

[174] المنارة موجودة اليوم شرقي دمشق، والمهرودتان: أي لابس مهرودتين أي ثوبين مصبوغين بورس ثم بزعفران.

[175] مسلم في الفتن وأشراط الساعة، باب ذكر الدجال وصفته وما معه. وباب لدّ: بلدة قريبة من بيت المقدس.

[176] الطبراني والبزار. قال الهيثمي: ورجاله البزار ثقات.

شديداً، ثم يهلكه الله تبارك وتعالى وجنوده"[177]، يهلكه الله -تبارك وتعالى- مع جنوده بمعجزة ينتظرونها، لأنهم على موعد معها كما تواترت الأحاديث عن النبي المعصوم عليه الصلاةِ والسلام، وهي نزول سيدنا عيسى ابن مريم عليه الصلاة والسلام.

---

[177] أحمد في المسند، والحاكم في المستدرك، وقال: صحيح على شرط الشيخين. ووافقه الذهبي.

نزول عيسى ابن مريم وهلاك الدجال

يصيب المسلمين همّ وكرب شديد من فتنة الدجال، ويستنفذون كامل الأسباب والحيل في مقاتلته، فلا يقومون له من شدته وبأسه، حتى يحصرهم في بيت المقدس، فيجأر المسلمون إلى الله ويُلحّون ويَلجّون في الدعاء والاستغاثة بربهم عزّ وجلّ وهم على يقين بوعد الله لعباده المؤمنين بالنصر والغلبة، إذ أنهم لم يتركوا سبيلاً من أسباب النصر إلا سلكوه، ولا باباً إلا ولجوه . . وأشبّه هذه الأيام العصيبة، وحال المسلمين فيها بحال سيدنا موسى ومن معه من مؤمني بني إسرائيل، عندما لحق بهم فرعون فحصرهم بين جيشه الجرّار وبين البحر الأحمر، فانخلعت قلوب الشجعان، واهتزّت النفوس المؤمنة فرَقاً وخوفاً -رغم إيمانها- من هول الحدث، ونادوا نبيهم: يا موسى إنّا لمُدرَكون! فقال بكل اطمئنان وثقة وعزيمة: كلا! إنّ معي ربي سيهديني، وتحصل المعجزة .. يغرق فرعون مدّعي الألوهية ومن تبعه، وينجو موسى ومن معه، وتنتهي الوقعة عن موعظة بليغة، تتكرّر هنا مع الإمام المحمدي محمد المهدي في بيت المقدس، حيث يناديه لسان حال من معه: إنّا لمُدرَكون! فسنن الله الكونية هيَ هيَ لا تتغير ولا تتبدل، فالذي نصر موسى وأنجاه من الغرق، هوَ هوَ الذي ينصر عباده في كل وقت يستكملون فيه الأسباب ويتكلون على مسبّب الأسباب، وإذا بحال المهدي ينادي والسكينة تملأ كيانه: كلا! إنّ معي ربي سيهديني، فيتداركهم المولى عز وجل بإنزال عيسى ابن مريم فيلحق بمدّعي الألوهية الدجال فيقتله. "فبينما هم

كذلك، إذ بعث الله عيسى ابن مريم، فينزل عند المنارة البيضاء شرقي دمشق بين مَهرُودَتَين، واضعاً كفّيه على أجنحة ملكين، إذا طأطأ رأسه قطر، وإذا رفعه ينحدر منه جُمَان كاللؤلؤ، ولا يحلّ لكافر يجد ريح نَفَسه إلا مات، ونفَسُه ينتهي حيث ينتهي طرفه، فينطلق حتى يدركه عند باب لُدّ، فيقتله"[178].

عن بن عباس -رضي الله عنهما- عن النبي صلى الله عليه وسلم في قوله تعالى: {وإنه لعلم للساعة} [الزخرف:61] قال: "نزول عيسى بن مريم من قَبْل يوم القيامة"[179].

يقول ابن كثير: والصحيح أنّ الضمير عائد على عيسى عليه السلام، فإنّ السياق في ذكره، واستبعد القول الثاني، وقال: ثم المراد بذلك نزوله قبل يوم القيامة كما قال تبارك وتعالى: {وإن من أهل الكتاب إلا ليؤمنن به قبل موته} أي قبل موت عيسى عليه السلام {ويوم القيامة يكون عليهم شهيدا} [النساء:159]، ثم قال: ويؤيد هذا المعنى القراءة الأخرى {وإنّه لَعَلَمٌ للساعَةِ} أي: آيةٌ للساعة خروجُ عيسى ابن مريم عليه السلام قبل يوم القيامة.

عن أبي هريرة قال: قال رسول الله صلى الله عليه وسلم: "والذي نفسي بيده، ليوشكنّ أن ينزل فيكم ابن مريم حكَماً مقسطاً، فيكسر الصليب، ويقتل الخنزير، ويضع الجزية، ويفيض المال حتى لا يقبله أحد"[180].

---

[178] سنن ابن ماجه (4075).

[179] صحيح ابن حبان.

[180] البخاري في البيوع، باب قتل الخنزير. ومسلم في الإيمان، باب نزول عيسى ابن مريم حاكماً بشريعة نبينا محمد صلى الله عليه وسلم.

قال رسول الله صلى الله عليه وسلم: "فيكون عيسى ابن مريم عليه السلام في أمتي حكماً عدلاً، وإماماً مقسطاً، يدقّ الصليب، ويذبح الخنزير، ويضع الجزية، ويترك الصدقة، فلا يسعى على شاة ولا بعير، وترفع الشحناء والتباغض، وتنزع حُمَة كلّ ذات حُمَة[181]، حتى يدخل الوليد يده في في الحية فلا تضره، وتُفِرّ[182] الوليدةُ الأسدَ فلا يضرها، ويكون الذئب في الغنم كأنه كلبها، وتملأ الأرض من السلم كما يملأ الإناء من الماء، وتكون الكلمة واحدة، فلا يعبد إلا الله، وتضع الحرب أوزارها، وتسلب قريش ملكها، وتكون الأرض كفاثور[183] الفضة، تنبت نباتها بعهد آدم حتى يجتمع النفر على القطف من العنب فيشبعهم، ويجتمع النفر على الرمانة فتشبعهم، ويكون الثور بكذا وكذا من المال، وتكون الفرس بالدريهمات"، قالوا: يا رسول الله وما يرخص الفرس؟ قال "لا تركب لحرب أبداً"، قيل له: فما يغلي الثور؟ قال: "تحرث الأرض كلها"[184].

يصل سيدنا عيسى عليه الصلاة والسلام بيت المقدس والإمام المهدي قد سوّى الصفوف أعدّ الجيش للقتال، ويريد أن يؤمّ الناس بصلاة العصر، وقيل: الفجر، فيتأخّر إجلالاً لسيدنا عيسى فيقدمه للصلاة، فيأبى تكرمة لأمة النبي محمد عليه الصلاة والسلام، لأنّ الإمام المهدي في صدره القرآن وعيسى في صدره الإنجيل، والقرآن

---

[181] بالتخفيف السم. ويطلق على إبرة العقرب للمجاورة لأن السم منها يخرج.

[182] تحمله على الفرار.

[183] وعاء كبير للطعام.

[184] سنن ابن ماجه (4077).

136

مقدّم على الإنجيل، فعن جابر بن عبد الله قال: سمعت النبي صلى الله عليه وسلم يقول: "لا تزال طائفة من أمتي يقاتلون على الحق ظاهرين إلى يوم القيامة"، قال: "فينزل عيسى ابن مريم صلى الله عليه وسلم، فيقول أميرهم: تعال صلّ لنا، فيقول: لا، إنّ بعضكم على بعض أمراء تكرمة الله هذه الأمة"[185]. حتى يُعلَم علوّ شأن أتباع محمد صلى الله عليه وسلم، ولكن كون عيسى يصلي وراء المهدي لا يعني أبداً أنّ المهدي أفضل منه، فعيسى ابن مريم عليه السلام أحد أولي العزم من الرسل صلوات الله وسلامه عليهم، وهو أفضل من كثير من الأنبياء فضلاً عن كونه أفضل من المهدي وأفضل من الصحابة.

وبعد الصلاة يلاحق سيدنا عيسى مع المهدي وجنده الدجال وجنده كما جاء في الحديث: "فبينما هم يُعدّون للقتال يسوّون الصفوف إذ أقيمت الصلاة، فينزل عيسى ابن مريم صلى الله عليه وسلم، فأمَّهم، فإذا رآه عدوّ الله ذاب كما يذوب الملح في الماء، فلو تركه لانذاب حتى يهلك، ولكن يقتله الله بيده فيريهم دمه في حربته".

وفي رواية "فإذا نظر إليه الدجال ذاب كما يذوب الملح في الماء، وينطلق هارباً، ويقول عيسى عليه السلام: إنّ لي فيك ضربة لن تسبقني بها، فيدركه عند باب اللدّ الشرقي فيقتله، فيهزم الله اليهود، فلا يبقى شيء مما خلق الله يتوارى به يهودي إلا أنطق الله ذلك الشيء، لا حجر ولا شجر ولا حائط ولا دابة –إلا الغرقدة فإنها من شجرهم لا تنطق– إلا قال: يا عبد الله المسلم هذا يهودي فتعال اقتله". وفي رواية للشيخين: "لا تقوم الساعة حتى تقاتلوا اليهود،

---

[185] مسلم في الإيمان، باب نزول عيسى ابن مريم حاكماً بشريعة نبينا.

حتى يقول الحجر وراءه اليهودي: يا مسلم، هذا يهودي ورائي فاقتله".

وبذلك تكون نهاية الصراع بين المسلمين واليهود، وبداية خضوع العالم كله لهذا الدين، إما بالدخول فيه أو بالإذعان لحكمه، فعن تميم الداري -رضي الله عنه- قال: سمعت رسول الله صلى الله عليه وسلم يقول: "ليبلغنّ هذا الأمر مبلغ الليل والنهار، ولا يترك الله بيت مدَر ولا وبَر إلا أدخله هذا الدين بعزّ عزيز أو بذلّ ذليل، يُعِزّ بعزّ الله في الإسلام، ويُذِلّ به في الكفر"[186].

---

[186] الحاكم في المستدرك، وصححه. ووافقه الذهبي. ذكر صاحب (عون المعبود) نقلاً عن (المرقاة): أنه بعد هلاك الدجال ويأجوج ومأجوج لا يبقى على وجه الأرض كافر ما دام عيسى عليه السلام حياً في الأرض.

يأجوج ومأجوج وقيام الساعة

بعد مقتل الدجال تخرج يأجوج ومأجوج وهم أمتان أو قبيلتان من بني آدم مفسدون في الأرض قد حُجزوا عن باقي البشر لئلا يفسدوا على الناس معاشهم، قال تعالى: (قَالُوا يَا ذَا الْقَرْنَيْنِ إِنَّ يَأْجُوجَ وَمَأْجُوجَ مُفْسِدُونَ فِي الْأَرْضِ فَهَلْ نَجْعَلُ لَكَ خَرْجًا عَلَى أَنْ تَجْعَلَ بَيْنَنَا وَبَيْنَهُمْ سَدًّا قَالَ مَا مَكَّنِّي فِيهِ رَبِّي خَيْرٌ فَأَعِينُونِي بِقُوَّةٍ أَجْعَلْ بَيْنَكُمْ وَبَيْنَهُمْ رَدْمًا آتُونِي زُبَرَ الْحَدِيدِ حَتَّى إِذَا سَاوَى بَيْنَ الصَّدَفَيْنِ قَالَ انْفُخُوا حَتَّى إِذَا جَعَلَهُ نَارًا قَالَ آتُونِي أُفْرِغْ عَلَيْهِ قِطْرًا فَمَا اسْطَاعُوا أَنْ يَظْهَرُوهُ وَمَا اسْتَطَاعُوا لَهُ نَقْبًا) [الكهف:97]. فإذا جاء أوان خروجهم وذلك بعد مقتل الدجال، أزيل هذا المانع عنهم (قَالَ هَذَا رَحْمَةٌ مِنْ رَبِّي فَإِذَا جَاءَ وَعْدُ رَبِّي جَعَلَهُ دَكَّاءَ وَكَانَ وَعْدُ رَبِّي حَقًّا) [الكهف:98]. وخرجوا يملؤون الدنيا (حَتَّى إِذَا فُتِحَتْ يَأْجُوجُ وَمَأْجُوجُ وَهُمْ مِنْ كُلِّ حَدَبٍ يَنْسِلُونَ وَاقْتَرَبَ الْوَعْدُ الْحَقُّ) [الأنبياء:97].

وعن أبي سعيد الخدري أنّ رسول الله صلى الله عليه وسلم قال: "تُفتح يأجوج ومأجوج فيخرجون كما قال الله تعالى: {وهم من كل حدب ينسلون} [الأنبياء: 96] ، فيعمّون الأرض، وينحاز منهم المسلمون، حتى تصير بقية المسلمين في مدائنهم وحصونهم، ويضمّون إليهم مواشيهم، حتى أنهم ليمرّون بالنهر فيشربونه حتى ما يذرون فيه شيئاً، فيمرّ آخرهم على أثرهم فيقول قائلهم: لقد كان بهذا المكان مرة ماء، ويظهرون على الأرض فيقول قائلهم: هؤلاء أهل الأرض قد فرغنا منهم ولننازلنّ أهل السماء حتى إنّ أحدهم ليهزّ

حربته إلى السماء فترجع مخضّبة بالدم، فيقولون: قد قتلنا أهل السماء، فبينما هم كذلك إذ بعث الله دوابّ كنغف الجراد، فتأخذ بأعناقهم فيموتون موت الجراد، يركب بعضهم بعضاً، فيصبح المسلمون لا يسمعون لهم حسّاً، فيقولون: مَنْ رجل يشري نفسه وينظر ما فعلوا؟ فينزل منهم رجل قد وطّن نفسه على أن يقتلوه، فيجدهم موتى فيناديهم ألا أبشروا فقد هلك عدوكم فيخرج الناس ويخلون سبيل مواشيهم، فما يكون لهم رعي إلا لحومهم فتشكر عليها، كأحسن ما شكرت من نبات أصابته قط"[187].

وفي حديث النواس بن سمعان عن النبي صلى الله عليه وسلم: "فبينما هم كذلك إذ أوحى الله إليه: يا عيسى إني قد أخرجت عباداً لي، لا يَدانِ لأحد بقتالهم، وأحرز عبادي إلى الطور، ويبعث الله يأجوج ومأجوج وهم كما قال الله: {من كل حدب ينسلون} [الأنبياء: 96] ، فيمرّ أوائلهم على بحيرة الطبرية فيشربون ما فيها، ثم يمرّ آخرهم فيقولون: لقد كان في هذا ماء مَرّة، ويحصر نبي الله عيسى وأصحابه حتى يكون رأس الثور لأحدهم خيراً من مائة دينار لأحدكم اليوم، فيرغب نبي الله عيسى وأصحابه إلى الله، فيرسل الله عليهم النَّغَف في رقابهم، فيصبحون فرسى كموت نفس واحدة، ويهبط نبي الله عيسى وأصحابه فلا يجدون موضع شبر إلا قد ملأه زهمهم ونتنهم ودماؤهم، فيرغبون إلى الله سبحانه فيرسل عليهم طيراً كأعناق البخت فتحملهم فتطرحهم حيث شاء الله، ثم يرسل الله عليهم مطراً لا

---

[187] حديث حسن أخرجه ابن ماجه في سننه (4079). ينسلون: يسرعون. كنغف الجراد: دود تكون في أنوف الإبل والغنم، واحدتها نغفة. فتشكر عليها: أي تسمن وتمتلئ شحماً.

يُكنّ منه بيت مدَرٍ ولا وبَر فيغسله حتى يتركه كالزلقة، ثم يقال للأرض: أنبتي ثمرتك وردّي بركتك، فيومئذ تأكل العصابة من الرمانة فتشبعهم ويستظلّون بقحفها، ويبارك الله في الرسل حتى إنّ اللقحة من الإبل تكفي الفئام من الناس، واللقحة من البقر تكفي القبيلة، واللقحة من الغنم تكفي الفخذ، فبينما هم كذلك إذ بعث الله عليهم ريحاً طيبة، فتأخذ تحت آباطهم فتقبض روح كل مسلم، ويبقى سائر الناس يتهارجون كما تتهارج الحُمُر، فعليهم تقوم الساعة "[188].

يعيش سيدنا عيسى بعد نزوله أربعين سنة حسب ما ورد عن أبي هريرة أنّ النبي صلى الله عليه وسلم قال: "الأنبياء إخوة لعلّات، أمهاتهم شتّى ودينهم واحد، وإني أولى الناس بعيسى ابن مريم لأنه لم يكن بيني وبينه نبي، وإنّه نازل، فإذا رأيتموه فاعرفوه: رجل مربوع إلى الحمرة والبياض، عليه ثوبان ممَصّران كأنّ رأسه يقطر وإن لم يصبه بلل، فيدق الصليب، ويقتل الخنزير، ويضع الجزية، ويدعو الناس إلى الإسلام، فيهلك الله في زمانه الملل كلها إلا الإسلام، ويهلك الله في زمانه المسيح الدجال، ثم تقع الأمَنَة على الأرض حتى ترتع الأسود مع الإبل، والنِمار مع البقر، والذئاب مع الغنم، ويلعب الصبيان بالحيات، لا تضرهم، فيمكث أربعين سنة ثم يتوفّى ويصلّي عليه المسلمون"[189]. ثم تتابع علامات الساعة الكبرى خلال فترة قصيرة، ويخفّ دين الناس بعد مماته إلى أن يأتي على الناس

---

[188] مسلم في الفتن وأشراط الساعة، باب ذكر الدجال وصفته وما معه.

[189] حديث صحيح أخرجه الإمام أحمد في مسنده، كما أخرجه عدد من الحفّاظ. فبعد إهلاك الله يأجوج ومأجوج لا يبقى على وجه الأرض كافر ما دام عيسى عليه السلام حياً في الأرض.

زمان يقول قائلهم: كنا نسمع من يقول لا إله إلا الله، فعن حذيفة – رضي الله عنه– قال: "ليدرسنّ الإسلام كما يُدرس الثوب, حتى لا تعرف صلاة ولا صياماً ولا نسكاً إلا بقايا من شيخ كبير وعجوز يقولون: كنّا نسمع كلاماً من أقوام أدركنا من قبلنا يقولون: لا إله إلا الله, فنحن نقولها, فقال له صلة بن زفر العبسي: يا أبا عبد الله فما تنفعهم لا إله إلا الله وهم لا يعرفون صلاة ولا صياماً ولا نسكاً؟ قال: تنجيهم من النار"[190]، وعن أنس أنّ رسول الله صلى الله عليه وسلم قال: "لا تقوم الساعة حتى لا يقال في الأرض: الله، الله"[191]، وتهدم الكعبة كما في الصحيح: "يُخرّب الكعبة ذو السوَيقَتينِ من الحبشة"، ويرفع القرآن من الصدور ومن المصاحف، وتُعبد الأصنام، حتى تقوم القيامة على شرار الناس بعد أن يقبض الله أرواح المؤمنين. عن ابن نيار قال: سمعت رسول الله صلى الله عليه وسلم يقول: "لا تذهب الدنيا حتى تكون للكع ابن لكع".[192] وفي حديث عبد الله بن عمرو عن النبي صلى الله عليه وسلم: "ثم يرسل الله ريحاً باردة من قِبَل الشأم، فلا يبقى على وجه الأرض أحد في قلبه مثقالُ ذرة من خير أو إيمان إلا قبضته، حتى لو أنّ أحدكم دخل في كبد جبل لدخلته عليه حتى تقبضه"، قال: سمعتها من رسول الله صلى الله عليه وسلم قال: "فيبقى شرار الناس في خفّة الطير وأحلام السباع، لا يعرفون معروفاً ولا ينكرون منكراً، فيتمثّل لهم الشيطان فيقول: ألا

---

[190] السنن الواردة في الفتن لأبي عمرو الداني.

[191] مسلم في الإيمان، باب ذهاب الإيمان آخر الزمان.

[192] حديث صحيح أخرجه الإمام أحمد في مسنده. ولكع: المراد منه هاهنا: من لا يعرف له أصل، ولا يحمد له خلق.

تستجيبون؟ فيقولون: فما تأمرنا؟ فيأمرهم بعبادة الأوثان، وهم في ذلك دارٌّ رزقُهم، حسنٌ عيشُهم، ثم يُنفخ في الصور، فلا يسمعه أحد إلا أصغى لِيتاً ورفع لِيتاً، قال: وأول من يسمعه رجل يلوط حوض إبله، قال: فيُصعق ويصعق الناس، ثم يرسل الله - أو قال ينزل الله - مطراً كأنّه الطلّ أو الظلّ - نعمان الشاك - فتنبت منه أجساد الناس، ثم يُنفخ فيه أخرى فإذا هم قيام ينظرون، ثم يقال: يا أيها الناس هلّم إلى ربكم، وقفوهم إنهم مسئولون، قال: ثم يقال: أخرجوا بعث النار، فيقال: مِنْ كَم؟ فيقال: مِنْ كل ألف تسعمائة وتسعة وتسعين، قال: فذاك يوم يجعل الولدان شيباً، وذلك يوم يُكشَف عن ساق"[193].

---

[193] مسلم في الفتن وأشراط الساعة، باب في خروج الدجال ومكثه في الأرض، ونزول عيسى الخ. في كبد جبل: أي وسطه وداخله. في خفة الطير وأحلام السباع: قال العلماء: معناه يكونون في سرعتهم إلى الشرور وقضاء الشهوات والفساد كطيران الطير، وفي العدوان وظلم بعضهم بعضاً في أخلاق السباع العادية. أصغى ليتاً ورفع ليتاً: أصغى: أمال. والليت: صفحة العنق وهي جانبه. يلوط حوض إبله: يطينه ويصلحه.

خاتمة الكتاب

لا بدّ من القول بأنّ الكثيرين كتبوا في أشراط الساعة، قديماً وحديثاً، وبعد أن وصل الكتاب إلى نهايته كلّي ثقة بأنه كتب بأسلوب مختلف، وبنهج فريد في كيفية التعرّض لعلامات الساعة، سواء من حيث المضمون، أو من حيث طريقة السرد والترتيب، ولهذه الميزات قنعت أن لا ضير في تكرار الكتابة في هذا الموضوع، لما يحويه من الفوائد التي لا يُستحسن حجبها عن الناس في هذه الظروف الاستثنائية التي تمرّ بها أمتنا جمعاء.

الكتاب في ظاهره يرسم مشهداً مأساوياً لحال الأمة من الآن إلى ظهور المهدي عليه السلام، ولكن في العمق هو يبشر بولادة الخلافة الإسلامية بعد أكثر من قرن من غيابها، وهذه الولادة لا بدّ وأن يسبقها مخاض عسير يرافقه كثير من الآلام والتضحيات والتحدّيات، فهو دعوة للأمة لشدّ الأحزمة، وجمع الكلمة، والعودة لربها والتمسك بدينها بعد أن كشّر العدوّ عن أنيابه وأعلن مخططاته التقسيمية، وهو دعوة للاستعداد لاستقبال هذا الأمل المنشود بتحرير القدس الذي يحتمل -كما مرّ- أنه سيسبق ظهور المهدي إن شاء الله تعالى، وأتوقّع -والعلم عند الله- أنّ ظهوره لن يتأخر كثيراً، بل بات قريباً جداً.

إن كان قدرنا أن نكون في المرحلة الأخيرة من التاريخ، وعلى أبواب الملاحم الكبرى، فيجب إذن أن نرضى بهذا الذي قدره الله عز وجل، ونستعدّ له ولما فيه من قلاقل وفتن وحروب، فليس هنا مجال للتفاؤل

144

المغشوش، ولا محلّ للضحك على الذقون، ولا مكان للأماني الكاذبة بعيش رغد وترفّه وتنعّم، فالمرحلة مرحلة تقشّف وتدبير، مرحلة تأهّب وإعداد، مرحلة رباط وجهاد، وما أخبرنا عليه الصلاة والسلام بما هو أمامنا من فتن وشدائد إلا لنأخذ له الأهبة، ونكون على يقين منه إذا حضرنا فنقول مستبصرين: هذا ما وعدنا الله ورسوله، فلا نزيغ ولا نضلّ، ولا نتيه ولا نزلّ.

أسأل الله تعالى أن ينفع بهذا الكتاب، ويتقبل مني هذا الاجتهاد، وأستغفره مما فيه من زلل أو مجانبة للصواب.

تم بفضل الله تعالى الانتهاء من تصنيف هذا الكتاب في شهر ذي الحجة من عام (1434هـ) الموافق لتشرين أول من عام (2013م)، فالحمد لله رب العالمين على ما أكرم وأنعم.

وكتبه أبو البدر
محمد غياث حسن الصباغ

صدر للمؤلف:

1- آداب المسجد.

2- أحوال غائبة.

3- البداية في أحكام التلاوة.

4- الشام وإرهاصات الملحمة الكبرى.

5- الشيخ يحيى الصباغ وفرائد من أحوال الصالحين.

6- الصحابة لا تتخذوهم غرضاً.

7- نشأة المذاهب الفقهية.

وللمؤلف اعتناء وتعليقات موسعة على الكتب التالية:

1- عمدة السالك وعدة الناسك في الفقه الشافعي.

2- المنح الفكرية شرح المقدمة الجزرية في التجويد.

3- نزهة النظر شرح نخبة الفكر في مصطلح أهل الأثر.

146

الفهرس

الإصدارات الرقمية للكاتب